図画工作
実践ガイド

佐藤洋照・藤江充・槙野匠　編著

日本文教出版

まえがき

　本書は、小学校教員を目指す学生のみなさんが図画工作科の授業を行うにあたって必要となる知識や技能を学ぶための実践ガイドです。

　以下の4つのパートから構成されています。

PART 1	図画工作（美術／造形表現）教育の意義・目的
PART 2	低・中・高学年の表現活動場面
PART 3	鑑賞活動
PART 4	15課題別提出レポート作成シート（ワークシート）

　パート1では図画工作科教育の意義・目的について美術・造形表現の観点から解説しています。
　パート2では表現活動場面について2学年ごとのまとまりで活動の内容に分けて解説しました。またそれぞれの内容について表現の可能性を広げ、関心・意欲を引き出すヒントとなる「指導のツボ」を加えています。
　パート3では鑑賞活動について鑑賞指導の方向性を評価の観点を基に解説するとともに実践事例も加えました。
　パート4にはレポート作成シート（ワークシート）を加えています。活動内容をレポートにまとめることで自らの活動を客観的に振り返り、理解を深めて下さい。

　図画工作科では「知識・技能」、「思考・判断・表現」、「主体的に学習に取り組む態度」を「表現」したり「鑑賞」したりする活動から体験的に学んでいきます。本書も知識を羅列的に記述するのではなく、活動する中で必要となる材料・用具・技法について、それぞれの関連性が分かりやすくなるように構成しました。
　児童が造形活動や鑑賞活動の中で試行錯誤しながら発見し、獲得していくコツは「つくりだす喜び」につながり、主体的に学習に取り組む態度を育みます。授業の適切な場面で、児童がコツに気付き、活動に生かしていけるような指導力を身に付けるために、本書を通してたくさんの経験と発見をしてくれることを期待しています。

編著者

CONTENTS 目次

まえがき —— 3

目次 —— 4

PART 1
図画工作（美術／造形表現）教育の意義・目的
佐藤洋照・藤江充 —— 7

PART 2
低・中・高学年の表現活動場面
材料・用具・技法および指導のツボ
野沢二郎・槙野匠 —— 21

▶ 低学年における

造形遊び活動場面　屋内活動 —— 22

造形遊び活動場面　屋外活動 —— 26

平面的造形活動場面　描画的・版画的内容 —— 30

立体的造形活動場面　立体・工作 —— 34

図画工作 実践ガイド

▶ 中学年における

　造形遊び活動場面　屋内活動・屋外活動 —— 38

　平面的造形活動場面　描画的・版画的内容 —— 42

　立体的造形活動場面　立体 —— 46

　立体的造形活動場面　工作 —— 50

▶ 高学年における

　造形遊び活動場面　屋内活動・屋外活動 —— 54

　平面的造形活動場面　版画的内容 —— 58

　立体的造形活動場面　立体・工作 —— 62

　情報機器を活用した造形活動場面 —— 66

PART 3

鑑賞活動　　　　　　　　　　　　　　　　　　　藤江充 —— 70

索引 —— 82

材料・用具解説 —— 84

PART 4

15課題別提出レポート作成シート（ワークシート）—— 88

PART 1　図画工作（美術／造形表現）教育の意義・目的

1　意義・目的考察の前提

　「芸術は、笞を用いないで人間を教育する唯一の手段である」と、バーナード・ショウの箴言をタイトルに附して始まるハーバート・リードの『Education through Art（芸術による教育）』。1943（昭和18）年にロンドンにて出版された本書は、第二次世界大戦直後の西欧において新しい教育思想を展開する歴史的な業績として評価され、これに共感する諸国の学識者による翻訳、教育の実践家たちによる賛同と伝播があいついだ。日本でも敗戦後の復興のさなかに本論に触れ、「人間が生来もつ創造的個性の自然の成長が、教育によって抑圧されている」ことは、リードの身辺の西ヨーロッパ社会ばかりでなく日本においても同様であると「芸術を教育の基礎とすることにより、教育を平和のためへの教育たらしめようとする」彼の熱望に深い共感を寄せた植村鷹千代が、1951（昭和26）年の渡欧の際にリードに直接日本語版翻訳の支援を求め快諾を得た。

　その甲斐あって、1953（昭和28）年7月『芸術による教育』が美術出版社より刊行[1]され、世界規模で美術教育界に影響を与えた教育思想に、私たちはいつでも立ち返って検証できることの恩恵を得た。本書の「訳者あとがき」で植村は、リードが寄せた「日本版への序」を引用して「この本はあるいはあまりに西洋的観点から書かれたかもしれない。しかしながら児童の芸術は普遍的である。そのことはわれわれが調査中発見したもっとも重要な事柄の一つである」と改めて紹介し、続けて「じつは私も、日本における教育の問題や芸術の問題も、日本的な特殊条件にもかかわらず、まず第一義的に、問題は普遍的であるということを、この本を読んで痛感した」と語っている。

　本題に戻れば、美術（造形）教育を思想的かつ方法論的に問う際に重要なことは、上記より明らかであろう。それは、芸術（ここでは造形的表現）活動を教育活動として扱う際には、内容的にも方法論的にも「何がより普遍的か」に注意すべきだということである。リードや植村をいたずらに礼讃し追随するものではなく、普通学校教育で教科としてとり行う場面での「教科教育の命題」に、常に注意を払うべきだということである。

　では何が命題なのか。これについては大変興味深い文献が改訂前の本テキストの共同執筆者であった故岩﨑由紀夫氏によって翻訳され紹介されていた。それはリード自身による1951（昭和26）年7月の「ブリストル（英国）におけるユネスコ・セミナーでの一般教育の中の視覚芸術教育についての講演」要約[2]である。それによれば植村渡欧時期との符合もさることながら、ロンドンでの本書の初刊から8年目の講演の冒頭に掲げた討議課題、

　　「即ち、（1）美術指導の諸方法と諸理念
　　　　　（2）芸術が一般教育の中で占めるべき位置
　　この二つの問題である。」として語られた、その要約内容である。

　その詳細は後述することにして、ここでは要約文の冒頭部分を紹介しておきたい。「最初の問題は教授学的な問題であり、多分、心理学者や他の専門家と協

---

1)
●ハーバート・リード（植村鷹千代 訳）『芸術による教育』美術出版社、1953（昭和28）日本語版初版、1965（昭和40）改訂4版 等
上記は現在入手しづらいが、下記にて全面新訳が復刊されている。
●ハーバート・リード（宮脇理 他 訳）『芸術による教育』フィルムアート社、2001（平成13）

2)
●岩﨑由紀夫訳「芸術による教育」のハーバート・リード自身の要約発表（大阪教育大学・美術学科『美術科研究』第2巻所収、1984（昭和59）
URL
http://ir.lib.osaka-kyoiku.ac.jp/dspace/handle/123456789/2252

力して美術の教師によってのみ解かれる問題である。第二の問題は研究家全体によって解かれうる問題であろう。そして、今夕、私が話をしようと思っているのは、この二番目の問題についてである。一般的教育における芸術の位置についてのすべての討議の中で、我々が意見の一致をみていないのは、何が最も基本的なのかということについて——即ち、教育の目的について——意見の一致をみてこなかったからである。」として、教育における芸術の基本的命題を問い直している。（傍点筆者）

2　教科としての基本的命題

　教科としての命題設定の前提で、前述に重ねて確認しておきたいことは、当教科が普通学校教育における小学校課程の学齢期の児童を対象に施行されているという認識と、何を取り扱っている教科なのかという自覚である。換言すれば、彼ら児童とともに我々指導者が当教科で扱う性格や内容に、いかなる意味や価値を見いだすかにかかっている。

　当教科の意義や目的の把握に課せられる基本的命題、それは、
　(1) 造形的表現活動とはいかなるものか
　(2) 指導可能なこととは何か
この二つであろう。前者は「何を扱っている教科なのか」という性格や意義に対応し、先のリードが掲げた課題の諸理念に相当している。そして後者は、そうした性格的に把握された内容を、児童に対し我々成人の指導者が「いかに扱うべき教科なのか」という、やはり課題（1）の諸方法に相当している。つまり、教科としての基本的命題はリードが掲げる「教授学的な課題」であり、かつ我々指導者が解を模索しつつ常に心掛けながら接しなければならない課題だということである。

　よって、本章での前編の大半は我々教師に課せられる「教授学的な課題」としての上記の基本的命題の解釈にあて、後編では、より普遍的で基本的な課題としての、先に詳細は後述するとしたリードの「（美的）教育の目的」について検討を加えたい。

　ついては、当教科の分野的な範囲とその性格について少し整理をしておかなければならない。ここまでにも、「芸術」「美術」「造形」「図画工作」といったように分野とも教科目ともいずれの範囲を対象に語っているのか不明瞭との指摘は免れない。順次、範囲の狭い方から断っておくならば、教科名の問題としてならここではあえて「図画工作科には絵画・製作や美術科とは違った何か特異な性格があるか」との問いに対し、それは学習の主体が小学校学齢期の児童であること、と答えるにとどめたい。また、「一体、いかなることを取り扱っている教科なのか」という問いについては、学習指導要領の内容の項を一瞥すればただちに諒解される通りである。つまり、絵をかいたり、何かしら物的材料を用いてものを拵えたりすること（表現活動）と、それらの活動の前提ともいうべき自然の事物に関心を抱くことや、つくられたものの表現の意図を探ろうとすること（鑑賞活動）などである。これらを単につくることができるようにするとか分かるようにするというのであれば、それは技能教育でありあるいは知育であるが、形づくられることの喜びや親しみ、つくられたもののよさや美しさを味わい知るということとなると、これはもはや美術活動そのものであり、

芸術の三態（文学・音楽・美術）としての人類の文化的活動所産の一つでもある。

　ここまでを要約するならば、図画工作科の性格は小学校学齢期の児童に向けての美術教育であるといえる。ただ、美術を内容とするということにはいささかのためらいもないのであるが、「美術教育」のみを取り上げるとやや誤解や混乱を招くおそれがある。例えば専門教育における方法論の援用であるとか、流派的な主義・主張に関わることなどによって引き起こされる問題などである。そこで、ここではその「美術」をより客観的かつ一般化して言い換え、「造形的表現活動」としよう。なお、当教科の範囲で語っているから鑑賞に対して表現といっても特段の支障はないようであるが、本来なら「鑑賞」にあてられる並列的な対義語は「製作」である。そして鑑賞には、いかなる素材・材料をいかに扱い、手を加えて作品化したものかと、その意図や手法をたどることから、いわば作品に対しての目や心での「追製作」的な面が色濃くある。そうした意味も含めて、造形的な製作あるいは鑑賞の活動を総称して「造形的表現活動」と捉えるべきだということである。

3　教科設置の意義

　さて、それでは、小学校学齢期の児童に向けて造形的表現活動の涵養に資すべく、図画工作科を設けることの意義とはどのようなことなのであろうか。改めて意義を見いだすべく当初の設定に立ち返るならば、「造形的表現活動とはいかなるものなのか」、我々人間の生活においていかなる意味や価値をもつものなのか、いったい人類はなぜ何のために、あらゆる時代や民族、文化圏を越えて、累々と絶えることなくこれを続けるのか。これらの問いのそのままが、普通学校教育における美術教育の基本的な命題となるはずである。いささか遠大にして悠久なテーマの感があるが、それゆえに本質・本源的な意味や価値観を導きだすものと確信している。

　以下に、造形的表現活動についての言語的定位（国語的解釈）、形式的及び内容的類別、媒介する要素、そして介在する意味のそれぞれについて順次考察を与えてみよう。

■造形的表現活動の言語的定位

　「造形」とは読んで字のごとく形をつくるということである。だから、人為のみならず動物や昆虫の造巣活動や、あるいは機械的生産も含み、仮に自然の造形（造化）ということを認めれば工作物ばかりか森羅万象の全てが含まれる。そこでの共通の形式的媒体は草木や骨角牙、土砂や岩石・金属などの物的材料である。これに表現性を加味すると、それらの物的材料に変工を加え、自然にあった姿かたちとは異なった状態に形づくることとなる。そしてこのことは、言葉を媒介とする文学的表現や、音声の抑揚や強弱を媒介とする音楽的表現とは一線を画す造形的表現の大きな特徴でもある。つまり物的材料の変工という行為によって残される身振りの軌跡・痕跡その集積が、そのまま作品となるのである。この変工を人為的変工といい、その行為の結果出現する、以前とは異なった状態の特徴としては、そこに「新たな幻影」を伴うということである。形式的側面をつづめていえば、造形的表現活動とは「物的材料に人為的変工を加え幻影を見いだし与えること」である。さらに言い換えれば、物的材料

に人為的な変工を加えることにより、それまでになかった新たな物的構造を与え、新たな機能を引き起こすことである。

先に人為のみならぬ造形の例を挙げたが、それらがここで振り落とされるのは、人為的変工の内容的側面ゆえのことである。それは一つに描写性、そして主観性である。描写性において自然の造形と動物や昆虫の造巣活動はふるい落とされ、残された機械的生産でのカメラによる写真のごときも形式的にして客観的な描写性はあるものの、内容的には扱う人の主観に依っている。

ただし、自然界における「擬態（mimicry）」の問題だけは残される。

また、幻影を伴うということには、表現活動かつ鑑賞活動のゆえんとしての重要な意味・内容を含みもっている。それは、物的材料に新たなる構造が与えられることによって発する機能であるとともに、ものに与えられた新たな命、仮象の生命といってもよい。この種の幻影は、形式的には視覚的幻影（illusion）と、内容的には心象的・情趣的幻影（image）とに分けることができ、感覚・知覚的にはどのように見えているのかという形式的幻影と、心の目にはどのように映っているのかという内容的幻影双方の作用なしには、決して表現活動も鑑賞活動も成立しえないのである。

なぜ幻影なのかといえば、絵空事というように、もとより絵に描いたリンゴは食えない。太古の昔、洞窟の奥深き壁面に動物の姿を描きだした我々の祖先でさえ、それらが血肉を備え食糧に代わるとは考えてもいなかったであろう。だのになぜ、かくもリアルな表現ができたのか。その時代に生きたその者たちがまさに直面し、見ることのうちに起こる真実を直截にかき付けたがゆえのことだったのではないだろうか。たとえ具体的な対象があったとしてそれを描写したとしても、それはそのものらしさ、見る者の感じ取ったそのものらしさが描かれることにおいては、元来抽象の作用が働いているといえる。この、見ることのうちに起こる直感的かつ直観的真実を、その有形無形を問わず、それが具体的事物であろうが心的状態であろうが、物的材料を借りて再現すること、また、そのようにしてつくられたものを鑑賞し、そこでの見ることのうちに起こる鑑賞者の情趣的真実、それらの繰り返しこそが造形的表現活動なのである。

■造形的表現の類別

ここでは、作品化される分野別の形式的及び内容的類別を中心に触れてみよう。

学習指導要領の内容の項を整理してみると、作品化の分野は以下のごとくである。それは、見たことや感じたこと想像したことを、クレヨン・パスや水彩絵の具などを用いて表す「絵画的製作（版画を含む）」、見たことや感じたこと想像したことを、粘土や厚紙・板材などを用いて立体的に表す「彫塑的製作」、用途を考えて様々な材料や用具を用いて表す「工作的製作」、そして用途の条件に対し様々な材料から独自の発想を生かして表す「デザイン的製作」の4通りである。その他に作品としては保定しにくいが、造形遊びと鑑賞の活動があるのである。

この4通りの分野は、形式的には平面的造形と立体的造形とに分けることができる。平面的造形とは、絵画や版画、ポスターのデザイン画や装飾的意匠の考案画などである。また、立体的造形とは、彫塑や工作などである。この形式的類別における平面的ということは、現実的には存在しない画面内の奥行きを

想定する感覚的機能による分け方で、先の言語的定位で触れた視覚的幻影によって特色付けられる。しかし、昨今の美術動向では、形式的分類を意図的に横断して扱う傾向が増大している。

一方、内容的側面からする類別では、心象表現と適応表現とに分けられる。心象表現の心象とは、心に描く象のことであり、その表現は主我的な自律的要件によって遂行される。ジャンルとしては絵画や彫塑がそれにあたる。また、適応表現での適応とは何に対するものなのかといえば、用途や機能的条件などといった他律的条件に対しての適応が求められているのであり、工作やデザインが相当する。例えば、「風の力で動く（機能的条件）おもちゃ（用途）をつくろう」のごときである。

先に作品化しにくいがと説いた、造形的表現活動への形式的な導入と内容的な気付きを期待してなされる「造形遊び」と、そしてまたつくるということは、事物に直に触れ見ることによって湧き起こる、その者の感覚・感情との相関物を見いだすことであると気付く「鑑賞」、これらをここでの類別から見れば、形式的あるいは内容的類別から見ても横断的かつ複合的である。それゆえ、教科の内容としての扱いに苦慮するところなのであろう。

また、学習指導要領でも、造形遊びが高学年にまで定着したことには多とするところであるが、実情的に時間数確保が困難な場合が多いことを思うと、作品化するための時間的なゆとりや作品自体の数量が乏しくなり、しかも、先の扱いが苦慮される指導内容の拡大も手伝って、ますます評価に対する検証・検討と適合性が求められることになるだろう。

類別について認識するということは、学習指導要領に構成されている表現内容の形式面あるいは内容面での位置関係やつながりを把握する上で重要であり、また、個別あるいは集団毎の児童の状況判断的な指導方針を計画する上でも有効である。

■造形的表現の要素

ここでは、先の言語的定位で触れた物的材料を媒介とするという意味から解説しよう。そのように限定しない造形的表現の要素たるや厖大な範囲を含むことになるからである。

物的材料としての要素は大別して三つある。それは「色」「形」「材質」である。これらは言い換えれば、物的材料の性状を表す属性といってもよい。いかなる物的材料にも固有の色彩と形状と材質感とが伴っているのである。そして、色、形、材質は、またそれぞれに属性を有している。色については色彩学において明瞭に分化された色相・明度・彩度なる三属性が知られている。形については少々厄介で明確な属性的尺度はないが、点・線・面、あるいはそれらの移動や集積等、運動を許容する空間などの概念がそれに相当する。材質については重量感なども含み尚更厄介なのであるが、便宜的には多様な材質感を構成する評価尺度の「粗滑・硬軟・軽重」[3]などは概念的に把握しやすいものであろう。

これがひとえに表現者にとっての材料的要素ばかりでないことは、例えば画用紙に水彩絵の具で描かれた風景画があれば、鑑賞者は、現実的には紙の上に塗り付けられた色の粒の配列を見ていることになる。しかし鑑賞者はそんな物的状態を見るのではなく、描かれた景色を見て「のどかな田園風景だ」とか

3）各種製造業や建築・インテリアデザイン等の研究分野で検討されている材質感を構成する感覚的評価尺度。評価・形容アイテムとしては「粗滑感、硬軟感、温冷感、乾湿感、軽重感」などがある。

● 兵頭仁紀、他 著「材質感評価時における触運動について」『日本感性工学会論文誌』Vol.12 No.3 pp.425-430 所収、2013（平成25）
www.gitc.pref.nagano.lg.jp/reports/pdf/H26/01Zairyo/H26M04_17-21.pdf

● 小宮容一「インテリアデザインに於けるマテリアル・コーディネートの一考察」OUKA：Osaka University Knowledge Archive 所収、1996（平成8）
URL
http://hdl.handle.net/11094/52736　等　参照

「雄大な山々だ」とか、つまり物的材料が変工されて織りなされた色や形や材質感の構成様態を見ながら、描写的様子とかその雰囲気や気分を感じ取って味わっているのである。そしてこの「のどかな」とか「雄大な」という気分を感じること、これこそが先の言語的定位で触れた心象的・情趣的幻影なのである。

より日常的に例えれば、身に付ける衣服や持ち物、生活空間に配置する家具・調度など、たとえそれが機械的生産によるものであったにしても、いずれかの過程においては、色柄・サイズや形状・材質について、だれかしらの感覚・感性による選択的計画（デザイン）がなされているのである。それらの製品を買い求める者は、ここではまさしく鑑賞者であって、値段などの付加的価値や製品としての信頼性を除けば、ほとんど物的属性の織りなす心地よさが選択的判断の基準になっている。

要するに、表現者は物的材料を借りて美術現象の形式的推進力（作品）を担い、鑑賞者はそれの内容的支持力（価値観）を担っていることになる。それはまた、表現（製作）活動と鑑賞活動とが表裏一体の関係にあり、双方のアプローチなしには芸術現象が成立しないということと同義でもある。

■ 造形的表現の意味

造形的表現が現象することの意味、これも大別すると三つある[4]。それは、

○感覚的意味
○連想的・説明的意味
○情趣的意味

である。初めの感覚的意味とは、何かしら何者かによってつくられたものがそこにあることに気付くという意味である。また、いかにつくられているかということであり、人為的変工の形式的側面のことである。だから、つくられなければそれはないのだし、見られなければなきに等しいのである。「ある」ということには表現者と鑑賞者の双方が関与しなければならない。二つ目の連想的・説明的意味とは、内容的意味といってもよく、つまり何がつくられているかということである。絵画に例えれば、これは人物画でも静物画でもなく風景画である、と表現者と鑑賞者の共通の認識が得られるということで、先の人為的変工で触れた内容的側面での描写性に依っている。そして、三つ目の情趣的意味、これこそが美術的あるいはより広範に芸術的意味といってよい。作品という実態を挟んで、表現者がこの意味を介在させ鑑賞者がこの意味の存在を認めなければ、もとより芸術現象はありえない。前述までの言葉に換えればこの意味は、気分のことであり、幻影であり、心象であり、「ものに与えられた新たな機能としての仮象の命」である。あるいは「美」そのものといっても言いすぎではない。これらの意味は先のものから順に、一般的・客観的なところから個人的・主観的なところへ、あるいは現実的で明瞭なところから想像的で不明瞭なところへの方向性をもっていることに気付かれるであろう。これを逆から見れば、個人的で不明瞭な気分・感情・情趣というものを、物的材料を借りて「ある」と認められる姿かたちに顕在化すること、それが造形的表現活動独自の意味・意義であり価値なのである。

人類のこの営みは、太古の洞窟の壁面に象られ残された先人の「手形」が物語るように、自分自身に「かたち」があることの発見からの、時間と空間を越

4)
● 深田康算『美と芸術の理論』白凰社、1971（昭和46）初版、1991（平成3）改装版　第2刷、pp.232-234
● 深田康算『芸術に就いて』岩波書店、1948（昭和23）
● 『深田康算全集』第3巻所収「芸術一般」岩波書店、1930（昭和5）
● 『深田康算全集』第1巻所収「芸術一般」玉川大学出版部、1972（昭和47）等　参照

えた証跡として絶えることのない累積なのであり、かつ人類の思慕感懐の標本でもある。

4　図画工作科教育の意義

　我が国の学校教育における美術教育の歴史は、明治初頭以来いまだ150年に満たない。その間、当教科にあてられた役割は、時代の政策的な教育行政により直接的な変転を余儀なくされた。はたして斯かる変転なしに美術的な表現や価値観は継承され得なかったのであろうか。つまり、今日に美術的所産や価値観があるのは学校教育のお陰なのかを、謙虚にかつ真摯に省察せねばならない。「教育」とは傲りやすく、そして常に危うい。

　教育が表現性の涵養であることは、いかなる教科にも通底する意義・目的の一面である。当教科で扱っている内容は、先に論証してきたように、とりもなおさず造形的表現活動である。その性格的特性がそのまま、あるいはそれを教科として扱い得ることが意義となるであろう。それはやはり、自らの感覚・感情・情趣の、把握・実現・有形化であり、まずは自分自身と向き合うこと、これに始まりこれに尽きるといってはばからない。

　よく「芸術は鏡」であるといわれる。それは自己を映す鏡であり、他者を映す鏡でもあり、引いては世界を自然を映す鏡なのである。表出・表現をしてみて初めて気付く自分がある。言葉や音声による表現でもそれは同じである。しかし造形的表現では、作品が物的材料に変工を加えた痕跡そのものであるがゆえに、つくり残したしばらく後に、思わぬ自分に向き合うこともある。いとおしくも悲しくも、嘆かわしくも醜くも、肉感を伴ったその折々の自分自身にである。ただし我々は、人類としての太古の造形表現も、一個の人間としての子どもの時分の造形表現も、二度と再び同じ境涯では成し得ないのである。果たして鏡となった作品は、時を越え場所を移しながら、その前に佇む鑑賞者自身の心のかたち「心象」を映しだすのである。これらの情性を育むことが、優れた知性や意志の母体となることを信じて疑わない。

5　教科の目的とＡＩ時代の図画工作科教育

> 　表現及び鑑賞の活動を通して、造形的な見方・考え方を働かせ、生活や社会の中の形や色などと豊かに関わる資質・能力を次のとおり育成することを目指す。
> (1) 対象や事象を捉える造形的な視点について自分の感覚や行為を通して理解するとともに、材料や用具を使い、表し方などを工夫して、創造的につくったり表したりすることができるようにする。
> (2) 造形的なよさや美しさ、表したいこと、表し方などについて考え、創造的に発想や構想をしたり、作品などに対する自分の見方や感じ方を深めたりすることができるようにする。
> (3) つくりだす喜びを味わうとともに、感性を育み、楽しく豊かな生活を創造しようとする態度を養い、豊かな情操を培う。
>
> 　　　　　　　　　　　　　学習指導要領（平成29年告示）図画工作科の目標

　学習指導要領の解説は7節に委ねるが、当教科が担い育むべき資質・能力が「創造性／創造力：creativity」に集約されるであろうことに異論はないだろう。

一般的に創造するとは辞書的に「新奇で独自かつ生産的な発想を考えだすこと、またはその能力」とされ、識者の名言を借りれば「思い出すことに似ている」（ロジャー・ペンローズ）とか、「（別個な複数の事象を）結び付けること」（スティーブ・ジョブズ）などと簡潔に言いあてられてはいるものの、さて、公教育の一教科として、かつその担当教員がいかなる解釈と指導方針・指導法を携え児童の学習指導に係るかは、教科の目的具現に多大なる影響を及ぼすに違いない。パブロ・ピカソが創造とはの問いに「子どもはだれでも芸術家だ。問題は大人になっても芸術家でいられるかどうかだ」と答えたように、頭足人や観面混合（基底線や折り返し）など、子どもの内発的な感性や知性から自動的に発する普遍的で優れて創造的な造形技術を、いかに教育的に育み、その後も自分自身の資質能力として発揮し続けることができるか……。問題は創造性教育に係る大人（指導者）の側にありそうである。

　子どもはいかなる時代にも常に現在進行形の環境下に生まれ、人間社会環境の変化とともに生育し生活を営むこととなる。ハイテク技術の覇権争いで顕在化するであろう新冷戦の構造化によってグローバリズムは終わりを告げるという。予期せぬ事態に直面しても多様な選択肢を案出し続けることが変化に対する耐性となるなら、経験的な蓄積による熟練の「現場合わせ」に象徴されるように、図画工作科教育の実質的効用すなわち多角的視点から事物を把握する有機的思考とその有形化による造形的表現活動は、臨機応変の対処能力の育成に大いに資するはずである……が、いよいよ指導の可能性が問われる時代が来ている。

　では、現代にあって当教科の効用をいかに学校教育に敷衍すべきかについて、先の事由で幾分悲観的ではあるが、「身に覚えのある感覚・感性や知識・技能を、そののち体得的にかつ社会的・調和的に働かすこと」ができる資質・能力を育成しようと、アメリカや韓国で推進されている『STEAM教育』[5]は注目に値するであろう。教科としての目的は個々別々であっても、それらを調和的・融和的に結び付ける創造力こそが現代に求められる教育法的理念だとするものだからである。『STEAM教育』の「A：Arts（芸術）」の基盤に据えてほしいフランスの画家ジャン・バゼーヌの『現代絵画覚書』[6]の一節を紹介しよう。「創造とはいわば〈限度にきた〉自動現象（オートマティズム）である。提供された表徴を感性によって忍耐強く選択すること、《モシキミガ、スデニワタシヲミツケテイナイノダトシタナラ、キミハワタシヲサガシハシナイダロウ》という先行的な潜在意識の描く図式に接近する緩慢な作業である。」この命題に向かい、ＡＩ技術にではなく人類の美術が継承されていくものと信じたい。

　またフランスの数学者ポアンカレは「創造性は、ただ知的な作業ではなく、もっと別の情意的要素＝審美的感覚を必要とする」[7]と指摘し、ますます諸科学の有機的融合には美的感受性が不可欠であることを示唆し、課題を的確に深遠化している。

6　美的教育の目的

　さて、いよいよ本章の冒頭で前提として触れたリードの「美的教育の目的」に検討を加えてみよう。1953（昭和28）年に出版された日本語版初版『芸術による教育』の第1章「教育の目的」第4節「総括」を初めから引用すると、

5）STEAM（STEM+A）教育
S：Science（科学）
T：Technology（技術）
E：Engineering（工学）
A：Arts（芸術）
M：Mathematics（数学）
●デビッド・A・スーザ、トム・ピレッキ（胸組虎胤 訳）『AI時代を生きる子どものためのSTEAM教育』幻冬舎、2017（平成29）

6）
●ジャン・バゼーヌ（宗左近、田中梓 訳）『バゼーヌ芸術論―現代絵画覚書―』美術公論社、1978（昭和53）、pp.43-44

7）コトバンク「創造性」：日本大百科全書（ニッポニカ）の解説
URL　https://kotobank.jp/word/創造性-1556439　参照
●ポアンカレ（吉田洋一 訳）『改訳 科学と方法』岩波書店、1953（昭和28）等　参照

「だから教育の一般的目的は、要するに、人間の個性の発達を助長するとともに、こうして教育された個性をその個人の所属する社会集団の有機的統一と調和させるためにある、と断定できる。この過程において、審美的（エッセティック）[8] 教育は基本的であるということを、順次明らかにしようと思う。このような審美教育の包括するところは、

（一）あらゆる知覚及び感覚の自然の強度を保存すること
（二）諸種の知覚及び感覚を、相互にかつ環境に応じて、調和的に働かせること
（三）感情を人に通じる形で表現すること
（四）表現しなかったならば、部分的にあるいは全面的に、無意識で終わったかもしれない諸種の精神的経験を人に通じる形で表現すること
（五）思想を必要な形で表現すること

（中略）私はまず芸術の定義から始めよう。（中略）その後で、芸術にも教育にも同様に含まれている基本的な心的過程――すなわち知覚と想像――について検討を加えることにしよう。（中略）私自身の出発点は審美的感覚である（中略）いかなる場合にもこの審美的感覚の要素が肝要であることを発見する。」

と、一貫して、芸術を教育の基礎とすべく命題を展開する際に、繰り返される「何が普遍的な感覚なのか」「何がより基本的な方法であり目的なのか」との問いで満たされている。

それは、「後述する」と前提で紹介したリードの「講演要約」でも同様であり、殊に、上に掲げる（一）、（二）が強調して反復されている。つまり「感覚的な経験の質を調和的に維持する（二）」ために「あらゆる知覚や感覚の生来の強度を発現させること（一）」であるということであろう。（傍点筆者）

『芸術による教育』原著初版は1943（昭和18）年である。世界大戦当時の社会的疾病や、対人間疎外に対するリードの観察による懸念が随所に読み取ることができ、その先見性を認めるというよりは、止めようのない時代の趨勢への無力感を拭えない。人として本来の成長発達に待つべきものを、いたずらに強制かつ矯正せずに、しかし、扱っている内容や時宜に応じては、明確な指導指針に支えられた価値観と方法論を携えて指導にあたらねばならないとの示唆が読み取れる。

これらを反省材料に、当教科の目的を昨今の教育事情に鑑み指導の可能性に置き換えて、先に掲げたリードの審美的教育の目的に照らして私見をまとめてみよう。

① 自然・人工の別なく物的材料体験を能動的に豊かにすること
② 表現を児童自身のものに引き戻してやること
③ 児童自身の表現を保障し、勇気付けること
④ 自己表現が自由なら、何でもありだからどうでもいいのだと自暴自棄に陥らぬよう、どうでもいいかどうかを自分自身に向き合うよう勇気付けること
⑤ 教師が強制するからという逃避や、指示待ちなどの言い訳や追従、ましてや成績のためなどといった学ぶことへの背信を学習させぬこと

[8] 本章の冒頭で掲げた植村鷹千代しかり、より古くには森（鷗外）林太郎も【英 aesthetic(s)】の翻訳に「美学」を併用しながら、なおも「審美」にこだわり続けた。「審美」という言葉には他の訳語には換えられないいかなる意味合いがあるだろうか。
● 森林太郎（森鷗外）『審美新説』春陽堂、1900（明治33）URL http://dl.ndl.go.jp/info:ndljp/pid/849570（国立国会図書館デジタルコレクション）
● 『森鷗外全集』（全38巻）第21巻所収「審美論」「審美新説」「審美綱領」「審美極致論」「審美仮象論」他　岩波書店、1971（昭和46）等　参照

教科の目的や教育の目的としての「美術教育」を考えるとき、そこには厳然として「実存としての美術」と「当為としての教育」の相克に対峙せざるを得ない。つまり、美術現象は突きつめるならその発生を辿ることも説明することも能わぬものでありながら、その一面の効用を期して教育的手段に採用すると、途端に教条的になり「〇〇あるべきである」「△△でなければならぬ」と当為の様相を呈する。だからこそ我々教員は、常に担った教科の教育の目的を「指導の可能性」に置き換えて、学習の主体（児童・生徒）の表現性を見つめ保障し、彼らの表現性涵養の利益を思い、教科として扱っている内容本来の価値観の体得的学習の機会を用意することが肝要なのであろう。

　「図画工作科」本来の教育的価値観について、平準に、直截に、そして何より真摯に、学習の主体に向けあるいは保護者へ向け文章化して語りかけた書物等は少ない。それは、指導者自身の教育的価値観や教育的姿勢が、そのまま剥き出しに問われることになるからなのかもしれない。

　本節を結ぶにあたり、リードの「児童の芸術は普遍的／問題は普遍的」との問題提起に自ら繰り返し問い掛ける「何がより基本的な方法であり目的なのか」に応答するかのように、下の文章を「この本を読む人へ」と題し、1年生用から6年生用まで漢字かな交じりの度合いや語り口等の若干の違いはあるものの、一貫して巻頭や巻末で語り掛けた図画工作の教科書の一文を紹介したい。現在では絶版となってひさしい現代美術社刊『子どもの美術』[9]である。無論、教科書としても今は使われていない。

「図画工作の時間は、じょうずに絵をかいたり、じょうずにものを作ったりすることが、めあてではありません。きみの目で見たことや、きみの頭で考えたことを、きみの手で、かいたり作ったりしなさい。心をこめて作っていく間に、自然がどんなにすばらしいか、どんな人になるのが大切か、ということがわかってくるでしょう。これがめあてです。」

[9]
● 佐藤忠良、安野光雅・編『子どもの美術』上巻（1-3年）下巻（4-6年）現代美術社、1982（昭和57）改訂版　等
● 佐藤忠良、安野光雅・編『子どもの美術』上（小学校123年）下（小学校456年）現代美術社、1986（昭和61）等
　他にも、各学年分冊の図画工作教科書『子どもの美術』現代美術社刊があるが、出版年やISBN等の記載がなく文献としては特定しにくい。

研究課題

1) 人間が行うのと、他の動物や昆虫の造形活動との本質的に異なる点は何か。
2) 現代と150年前（学制施行当初）とでの美術（造形的表現）活動そのものについての価値観にはいかなる差異や変化があるか。
3) 地球上の異なる文化圏においては、美術（造形的表現）活動についての価値観にいかなる差異があるか。
4) 造形的表現活動における「創造性」とはいかなるものか。
5) 森鷗外は「美学」という訳語を併用しながらも、なお「審美」にこだわり続けた。「審美」には他の訳語に換えられないいかなる意味合いがあるだろうか。
6) 人類は「なぜ、何のために」美術（造形的表現）活動をしているのだろうか。

7 図画工作科の学習指導要領（全文は18〜20頁に掲載）

　美術教育の目的は、全ての教育と同じく、人類がつくりだした美術という独自の文化を通しての「人格形成」にある。学校教育の指針として「生きる力」を重視してきた学習指導要領のねらいも同様である。学習指導要領は、だれもが、全国のどの地域で教育を受けても、一定の水準で教育を受けられるようにするために、文部科学省が学校教育法等に基づき、各教科の目標と、学習すべき内容などの、各学校で教育課程（カリキュラム）を編成する際の基準を示したもので、小学校、中学校、高等学校ごとに定められている。

　学習指導要領は、1947年（昭和22）に、当時の文部省から「試案」[10]として発表されたが、1958年（昭和33）に法令によって定められ、「告示」されるようになった。以後、時代の変化に合わせて、ほぼ10年ごとに改訂されてきた。現行の図画工作科のバージョンは、2017年（平成29）改訂のもので、「生きる力」をより具体化して、以下の三つの柱に整理している。

- 何を理解しているか、何ができるか（生きて働く「知識・技能」の習得）
- 理解していること・できることをどう使うか（未知の状況にも対応できる「思考力・判断力・表現力」の育成）
- どのように、社会や世界と関わり、よりよい人生を送るか（学びを人生や社会に生かそうとする「学びに向かう力・人間性等」の涵養）

　学習指導要領は大きく三つの部分から構成される。「第１」は教科目標、「第２」は各学年の目標と内容、「第３」は「指導計画の作成と内容の取扱い」である。それぞれ、目的、内容、方法が示される。[11]

　「第１」で示される三つの目標は、（１）「知識及び技能」に、（２）「思考力、判断力、表現力等」に、（３）「学びに向かう力、人間性等」に対応する。目標では、何のために指導するのかという教科の目的が掲げられている。

　「第２」は、各学年の目標と内容に分けられる。各学年は、低（第１・２学年）、中（第３・４学年）、高（第５・６学年）で区分され、子どもの発達に即した目標と学習内容が示される。また、内容は「Ａ表現」と「Ｂ鑑賞」の二つの領域に分けられる。「Ａ表現」では、さらに、（１）では発想や構想、（２）では技能に関してどのような資質・能力を身に付けるのかが示される。

　〔共通事項〕は、「Ａ表現」と「Ｂ鑑賞」とに共通する、図画工作科で学ぶ基本的な資質・能力、つまり、形や色を捉え、イメージをもつということを総括的に示したものである。

　「第３」は、全学年同じで、四つの項目に分けられるが、「１．指導計画の作成」と「２．内容の取扱いについての留意事項」で、具体的にどのように指導するかについての方法や指導上の注意点などが示される。

　一見すると同じような文章が並んでいるように思えるが、例えば「Ａ表現・（１）・イ」を読むと、「感じたこと・想像したこと＋見たこと＋伝え合いたいこと」というように学年が進むにつれて内容項目が増えていたり、〔共通事項〕のように「気付く→分かる→理解する」という形で、より高度の認識活動が示されたりしていることを確認してほしい。

10）「学習指導要領」は英語の"Course of Study"の訳語ともいわれる。
　また、1947年（昭和22）当時は、小学校だけでなく、中学校も高等学校も美術関係の教科名は「図画工作科」に統一されていた。

11）教育的なカリキュラムには、目的・内容・方法・評価という四つの構成要素が必要だという説（W.タイラー）がある。「第１」は「目的」、「第２」は「内容」、「第３」は「方法」に相当する。「評価」は学習指導要領にはないが、それに合わせて別に文科省から示される「指導要録」（児童個人の学習や成長の記録）において評価の観点などが示される。

小学校学習指導要領　教科の目標、各学年の目標及び内容の系統表（小学校図画工作科）
教科の目標、各学年の目標及び内容

第1目標			表現及び鑑賞の活動を通して，造形的な見方・考え方を働かせ，生活や社会の中の形
	「知識及び技能」		(1) 対象や事象を捉える造形的な視点について自分の感覚や行為を通して理解する
	「思考力，判断力，表現力等」		(2) 造形的なよさや美しさ，表したいこと，表し方などについて考え，創造的に発想
	「学びに向かう力，人間性等」		(3) つくりだす喜びを味わうとともに，感性を育み，楽しく豊かな生活を創造しよ
第2 各学年の目標及び内容			〔第1学年及び第2学年〕
	1 目標	「知識及び技能」	(1) 対象や事象を捉える造形的な視点について自分の感覚や行為を通して気付くとともに，手や体全体の感覚などを働かせ材料や用具を使い，表し方などを工夫して，創造的につくったり表したりすることができるようにする。
		「思考力，判断力，表現力等」	(2) 造形的な面白さや楽しさ，表したいこと，表し方などについて考え，楽しく発想や構想をしたり，身の回りの作品などから自分の見方や感じ方を広げたりすることができるようにする。
		「学びに向かう力，人間性等」	(3) 楽しく表現したり鑑賞したりする活動に取り組み，つくりだす喜びを味わうとともに，形や色などに関わり楽しい生活を創造しようとする態度を養う。
	2 内容	A 表現／「思考力，判断力，表現力等」	**(1) 表現の活動を通して，発想や構想に関する次の事項を身に付けることができるよう指導する。**
			ア 造形遊びをする活動を通して，身近な自然物や人工の材料の形や色などを基に造形的な活動を思い付くことや，感覚や気持ちを生かしながら，どのように活動するかについて考えること。
			イ 絵や立体，工作に表す活動を通して，感じたこと，想像したことから，表したいことを見付けることや，好きな形や色を選んだり，いろいろな形や色を考えたりしながら，どのように表すかについて考えること。
		A 表現／「技能」	**(2) 表現の活動を通して，技能に関する次の事項を身に付けることができるよう指導する。**
			ア 造形遊びをする活動を通して，身近で扱いやすい材料や用具に十分に慣れるとともに，並べたり，つないだり，積んだりするなど手や体全体の感覚などを働かせ，活動を工夫してつくること。
			イ 絵や立体，工作に表す活動を通して，身近で扱いやすい材料や用具に十分に慣れるとともに，手や体全体の感覚などを働かせ，表したいことを基に表し方を工夫して表すこと。
		B 鑑賞／「思考力，判断力，表現力等」	**(1) 鑑賞の活動を通して，次の事項を身に付けることができるよう指導する。**
			ア 身の回りの作品などを鑑賞する活動を通して，自分たちの作品や身近な材料などの造形的な面白さや楽しさ，表したいこと，表し方などについて，感じ取ったり考えたりし，自分の見方や感じ方を広げること。
		〔共通事項〕	**(1) 「A表現」及び「B鑑賞」の指導を通して，次の事項を身に付けることができるよう指導する。**
		「知識」	ア 自分の感覚や行為を通して，形や色などに気付くこと。
		「思考力，判断力，表現力等」	イ 形や色などを基に，自分のイメージをもつこと。

や色などと豊かに関わる資質・能力を次のとおり育成することを目指す。

とともに，材料や用具を使い，表し方などを工夫して，創造的につくったり表したりすることができるようにする。

や構想をしたり，作品などに対する自分の見方や感じ方を深めたりすることができるようにする。

うとする態度を養い，豊かな情操を培う。

〔第3学年及び第4学年〕	〔第5学年及び第6学年〕
(1) 対象や事象を捉える造形的な視点について自分の感覚や行為を通して分かるとともに，手や体全体を十分に働かせ材料や用具を使い，表し方などを工夫して，創造的につくったり表したりすることができるようにする。	(1) 対象や事象を捉える造形的な視点について自分の感覚や行為を通して理解するとともに，材料や用具を活用し，表し方などを工夫して，創造的につくったり表したりすることができるようにする。
(2) 造形的なよさや面白さ，表したいこと，表し方などについて考え，豊かに発想や構想をしたり，身近にある作品などから自分の見方や感じ方を広げたりすることができるようにする。	(2) 造形的なよさや美しさ，表したいこと，表し方などについて考え，創造的に発想や構想をしたり，親しみのある作品などから自分の見方や感じ方を深めたりすることができるようにする。
(3) 進んで表現したり鑑賞したりする活動に取り組み，つくりだす喜びを味わうとともに，形や色などに関わり楽しく豊かな生活を創造しようとする態度を養う。	(3) 主体的に表現したり鑑賞したりする活動に取り組み，つくりだす喜びを味わうとともに，形や色などに関わり楽しく豊かな生活を創造しようとする態度を養う。
(1) 表現の活動を通して，発想や構想に関する次の事項を身に付けることができるよう指導する。	(1) 表現の活動を通して，発想や構想に関する次の事項を身に付けることができるよう指導する。
ア 造形遊びをする活動を通して，身近な材料や場所などを基に造形的な活動を思い付くことや，新しい形や色などを思い付きながら，どのように活動するかについて考えること。	ア 造形遊びをする活動を通して，材料や場所，空間などの特徴を基に造形的な活動を思い付くことや，構成したり周囲の様子を考え合わせたりしながら，どのように活動するかについて考えること。
イ 絵や立体，工作に表す活動を通して，感じたこと，想像したこと，見たことから，表したいことを見付けることや，表したいことや用途などを考え，形や色，材料などを生かしながら，どのように表すかについて考えること。	イ 絵や立体，工作に表す活動を通して，感じたこと，想像したこと，見たこと，伝え合いたいことから，表したいことを見付けることや，形や色，材料の特徴，構成の美しさなどの感じ，用途などを考えながら，どのように主題を表すかについて考えること。
(2) 表現の活動を通して，技能に関する次の事項を身に付けることができるよう指導する。	(2) 表現の活動を通して，技能に関する次の事項を身に付けることができるよう指導する。
ア 造形遊びをする活動を通して，材料や用具を適切に扱うとともに，前学年までの材料や用具についての経験を生かし，組み合わせたり，切ってつないだり，形を変えたりするなどして，手や体全体を十分に働かせ，活動を工夫してつくること。	ア 造形遊びをする活動を通して，活動に応じて材料や用具を活用するとともに，前学年までの材料や用具についての経験や技能を総合的に生かしたり，方法などを組み合わせたりするなどして，活動を工夫してつくること。
イ 絵や立体，工作に表す活動を通して，材料や用具を適切に扱うとともに，前学年までの材料や用具についての経験を生かし，手や体全体を十分に働かせ，表したいことに合わせて表し方を工夫して表すこと。	イ 絵や立体，工作に表す活動を通して，表現方法に応じて材料や用具を活用するとともに，前学年までの材料や用具などについての経験や技能を総合的に生かしたり，表現に適した方法などを組み合わせたりするなどして，表したいことに合わせて表し方を工夫して表すこと。
(1) 鑑賞の活動を通して，次の事項を身に付けることができるよう指導する。	(1) 鑑賞の活動を通して，次の事項を身に付けることができるよう指導する。
ア 身近にある作品などを鑑賞する活動を通して，自分たちの作品や身近な美術作品，製作の過程などの造形的なよさや面白さ，表したいこと，いろいろな表し方などについて，感じ取ったり考えたりし，自分の見方や感じ方を広げること。	ア 親しみのある作品などを鑑賞する活動を通して，自分たちの作品，我が国や諸外国の親しみのある美術作品，生活の中の造形などの造形的なよさや美しさ，表現の意図や特徴，表し方の変化などについて，感じ取ったり考えたりし，自分の見方や感じ方を深めること。
(1) 「A表現」及び「B鑑賞」の指導を通して，次の事項を身に付けることができるよう指導する。	(1) 「A表現」及び「B鑑賞」の指導を通して，次の事項を身に付けることができるよう指導する。
ア 自分の感覚や行為を通して，形や色などの感じが分かること。	ア 自分の感覚や行為を通して，形や色などの造形的な特徴を理解すること。
イ 形や色などの感じを基に，自分のイメージをもつこと。	イ 形や色などの造形的な特徴を基に，自分のイメージをもつこと。

指導計画の作成と内容の取扱い

第3　指導計画の作成と内容の取扱い
1　指導計画の作成に当たっては，次の事項に配慮するものとする。
(1) 題材など内容や時間のまとまりを見通して，その中で育む資質・能力の育成に向けて，児童の主体的・対話的で深い学びの実現を図るようにすること。その際，造形的な見方・考え方を働かせ，表現及び鑑賞に関する資質・能力を相互に関連させた学習の充実を図ること。
(2) 第2の各学年の内容の「A表現」及び「B鑑賞」の指導については相互の関連を図るようにすること。ただし，「B鑑賞」の指導については，指導の効果を高めるため必要がある場合には，児童や学校の実態に応じて，独立して行うようにすること。
(3) 第2の各学年の内容の〔共通事項〕は，表現及び鑑賞の学習において共通に必要となる資質・能力であり，「A表現」及び「B鑑賞」の指導と併せて，十分な指導が行われるよう工夫すること。
(4) 第2の各学年の内容の「A表現」については，造形遊びをする活動では，(1)のア及び(2)のアを，絵や立体，工作に表す活動では，(1)のイ及び(2)のイを関連付けて指導すること。その際，(1)のイ及び(2)のイの指導に配当する授業時数については，工作に表すことの内容に配当する授業時数が，絵や立体に表すことの内容に配当する授業時数とおよそ等しくなるように計画すること。
(5) 第2の各学年の内容の「A表現」の指導については，適宜共同してつくりだす活動を取り上げるようにすること。
(6) 第2の各学年の内容の「B鑑賞」においては，自分たちの作品や美術作品などの特質を踏まえて指導すること。
(7) 低学年においては，第1章総則の第2の4の(1)を踏まえ，他教科等との関連を積極的に図り，指導の効果を高めるようにするとともに，幼稚園教育要領等に示す幼児期の終わりまでに育ってほしい姿との関連を考慮すること。特に，小学校入学当初においては，生活科を中心とした合科的・関連的な指導や，弾力的な時間割の設定を行うなどの工夫をすること。
(8) 障害のある児童などについては，学習活動を行う場合に生じる困難さに応じた指導内容や指導方法の工夫を計画的，組織的に行うこと。
(9) 第1章総則の第1の2の(2)に示す道徳教育の目標に基づき，道徳科などとの関連を考慮しながら，第3章特別の教科道徳の第2に示す内容について，図画工作科の特質に応じて適切な指導をすること。
2　第2の内容の取扱いについては，次の事項に配慮するものとする。
(1) 児童が個性を生かして活動することができるようにするため，学習活動や表現方法などに幅をもたせるようにすること。
(2) 各学年の「A表現」及び「B鑑賞」の指導を通して，児童が〔共通事項〕のアとイとの関わりに気付くようにすること。
(3) 〔共通事項〕のアの指導に当たっては，次の事項に配慮し，必要に応じて，その後の学年で繰り返し取り上げること。 　ア　第1学年及び第2学年においては，いろいろな形や色，触った感じなどを捉えること。 　イ　第3学年及び第4学年においては，形の感じ，色の感じ，それらの組合せによる感じ，色の明るさなどを捉えること。 　ウ　第5学年及び第6学年においては，動き，奥行き，バランス，色の鮮やかさなどを捉えること。
(4) 各学年の「A表現」の指導に当たっては，活動の全過程を通して児童が実現したい思いを大切にしながら活動できるようにし，自分のよさや可能性を見いだし，楽しく豊かな生活を創造しようとする態度を養うようにすること。
(5) 各活動において，互いのよさや個性などを認め尊重し合うようにすること。
(6) 材料や用具については，次のとおり取り扱うこととし，必要に応じて，当該学年より前の学年において初歩的な形で取り上げたり，その後の学年で繰り返し取り上げたりすること。 　ア　第1学年及び第2学年においては，土，粘土，木，紙，クレヨン，パス，はさみ，のり，簡単な小刀類など身近で扱いやすいものを用いること。 　イ　第3学年及び第4学年においては，木切れ，板材，釘，水彩絵の具，小刀，使いやすいのこぎり，金づちなどを用いること。 　ウ　第5学年及び第6学年においては，針金，糸のこぎりなどを用いること。
(7) 各学年の「A表現」の(1)のイ及び(2)のイについては，児童や学校の実態に応じて，児童が工夫して楽しめる程度の版に表す経験や焼成する経験ができるようにすること。
(8) 各学年の「B鑑賞」の指導に当たっては，児童や学校の実態に応じて，地域の美術館などを利用したり，連携を図ったりすること。
(9) 各学年の「A表現」及び「B鑑賞」の指導に当たっては，思考力，判断力，表現力等を育成する観点から，〔共通事項〕に示す事項を視点として，感じたことや思ったこと，考えたことなどを，話したり聞いたり話し合ったりする，言葉で整理するなどの言語活動を充実すること。
(10) コンピュータ，カメラなどの情報機器を利用することについては，表現や鑑賞の活動で使う用具の一つとして扱うとともに，必要性を十分に検討して利用すること。
(11) 創造することの価値に気付き，自分たちの作品や美術作品などに表れている創造性を大切にする態度を養うようにすること。また，こうした態度を養うことが，美術文化の継承，発展，創造を支えていることについて理解する素地となるよう配慮すること。
3　造形活動で使用する材料や用具，活動場所については，安全な扱い方について指導する，事前に点検するなどして，事故防止に留意するものとする。
4　校内の適切な場所に作品を展示するなどし，平素の学校生活においてそれを鑑賞できるよう配慮するものとする。また，学校や地域の実態に応じて，校外に児童の作品を展示する機会を設けるなどするものとする。

PART 2 低・中・高学年の表現活動場面 材料・用具・技法および指導のツボ

　パート2では、表現活動場面を低・中・高学年ごとに大きく以下の3つの活動に分け、それぞれの活動に関連する「材料・用具・技法」について解説しています。

- 造形遊び活動場面（屋内活動・屋外活動）
- 平面的造形活動場面（描画的内容・版画的内容）
- 立体的造形活動場面（立体・工作）

　また高学年では情報機器を活用した表現活動場面についても解説しました。

　各単元の初めには授業展開を含めた「題材例」を紹介しています。
　実際の授業における活動をイメージしてみましょう。

　それぞれの活動に関わる「材料・用具・技法」について、基本的には学習指導要領の材料・用具の取り扱いに準じて構成していますが、活動の内容（切る、貼る、つなぐなど）に沿った形で、想定する学年を横断して紹介もしています。図画工作科における知識・技能は教えられた内容を覚えるのではなく、「材料・用具・技法」を使いながら活動する過程で気付き、理解が深まっていくことに意味があります。
　児童が活動していく中で感じる「つくりたいものがつくれた（できた）」感覚は用具や材料を使う際の「コツ」ともいえるものです。パート2ではそれぞれの内容について「コツの発見」につなげるための「指導のツボ」を加えました。つくる活動から体験的に獲得した「指導のツボ」は、授業を行う際の大きな力となり、自らの自信にもつながります。ぜひ体験を重ねてたくさんの「指導のツボ」を身に付けていって下さい。

　各単元の最後には「活動してみる・表してみる（実践）」としてレポート課題を設定しました。
　実際に体験してみることで、「材料・用具・技法」についての理解を深め、活動の流れを確認しましょう。
　「活動してみる・表してみる（実践）」のページには「課題イメージのヒント」を加えました。参考となる造形作家や作品を調べて、活動のヒントにして下さい。
　また、パート4にはレポート課題に取り組んだ内容をまとめるためのワークシートを準備しています。活動を客観的に振り返りまとめることで、体験を通して理解した知識と技能をより確かなものとして下さい。

PART 2
低学年における
造形遊び活動場面
屋内活動

楽しみながら、進んで材料に働き掛ける

子どもが遊ぶ姿を見ていると、微笑ましい気持ちになるのはなぜでしょう。かつて子どもだった自分を思い出すからでしょうか。あるいは、人が本来もっている生き生きした姿を遊びの中に見いだすからでしょうか。遊びのもつ教育的な意義と創造的な性格に着目し、その特性を生かした活動が「造形遊び」です。低学年の児童は、身近な人や周辺のもの、室内の環境や屋外の自然に全身で関わりながら活動しています。様々な材料に体ごと関わって楽しんだり、並べたり、積んだり、何かに見立てたりして遊びます。活動しながら発想が次々に浮かび、進んで材料に働き掛け、結果にこだわらず思い付く方法を試していきます。ここでは特に、室内における造形遊びの活動のあり方を考えます。

題材例 しんぶんしと なかよし

学習目標 新聞紙という大きな紙の質感や特徴を体全体を使って味わい、広げたり破いたりまるめたりして形を変えながら思い付いた形をつくる。

材料 新聞紙

用具 セロハンテープ、粘着テープ、のり

技法 広げる、破く、まるめる、付ける

授業の流れ

導入 10〜20分
- 児童の活動：新聞紙を並べたりつないだり、破いたりまるめたりしながら紙の大きさや感じを体全体で感じ取る。
- 教師の言葉：「新聞紙でどんなことができるかな。並べたりつないだり、破いたりして、いろいろなことを試してみよう。」

展開 30〜60分
- 児童の活動：紙の感触を味わいながら、思い付いた活動をどんどん試す。友だちと協力しながら思い付いたことに合わせて新聞紙の形を変えていく。
- 教師の言葉：「思い付いたことをどんどん試そう。友だちと協力してもいいね。つなげたいときはテープを使ってもいいよ。」

振り返り 5〜10分
- 児童の活動：友だちの活動で面白いと思ったことを教え合う。新聞紙を分別し、大きなものは畳んで片付ける。
- 教師の言葉：「どんなことができたか教えてね。友だちの活動で面白いと思ったことを伝え合おう。別の活動でも使えるように、新聞紙を片付けよう。」

『平成27年度版 図画工作1・2下 教師用指導書 指導解説編』P.34参照

視点を変えて

カラー印刷が低コストで可能になった昨今、新聞紙を造形材料として見たときに色彩にも注目してみましょう。再生紙に印刷されているため、その色彩には落ち着いた味わいがあります。また、印刷された文字（日本語、英語など）や写真に着目するのもよいでしょう。紙の薄さにより「コラージュ」がきれいにできる利点もあります。右の写真は、英字新聞をちぎって、石の表面に貼り付けた作品です。

PART 2　低学年における造形遊び活動場面　屋内活動

材料

人工材

私たちの生活空間は人工的な「もの」で満ちています。子どもたちには、身の回りにあるいろいろな形や色や材質の材料を、普段から興味をもって収集するような気持ちをもってほしいものです。見て、触れて、感じる過程で、材料を発見する目が養われていきます。きれいな模様の包装紙や変わった形の空き箱、不要になった洋服やボタンなどは、心掛け次第でゴミにも宝物にもなります。「これは～に使えるかもしれない」と気付くことから造形遊びなどの表現活動が始まります。

材料の特徴

新聞紙

無料で大量に入手できる材料である。柔らかく、加工や変形が容易である。サイズが大きいので、身にまとったり、広い場所に敷き詰めたりするなどの「造形遊び」にも適している。他にも下敷きや梱包、緩衝材としてなど、用途が広い。

布

布は多くの繊維を薄く平らに加工したものである。織物、編み物、レース、フェルト、不織布がある。材質も模様も様々である。色とりどりの「端切れ」も造形材料として楽しく利用できる。

ビニル・プラスチック

ポリ袋やビニルシートなどは、透明なものや色付きのものがあり、大きなものも準備できるので、身体を使った造形遊びの活動に利用できる。プラスチックの空き容器などは、多様な形状のものがあるので、アイデアの源になる。

びん・缶

びんや缶は、形状と強度を生かし、表面に紙や布を貼って装飾したり、紙粘土作品の芯として使用したりすることも可能である。びんは割れることがあり、また、缶は開き口が危険なので、十分な安全指導が必要である。

箱

お菓子の空き箱や牛乳パックなどは、重ねたり組み合わせたりする展開から、立体作品ができる。それぞれの箱の構造をうまく「利用」するところがポイントとなる。

紙コップ・紙皿

紙コップや紙皿は加工しやすく工作に最適である。安価なので数を必要とする造形遊びの活動でも使える。円形や円柱の形態的な特徴から発想も広がる。

▷ **まるめる**
画用紙をくしゃくしゃにまるめて広げ、再度まるめて広げることを数回繰り返すと、布のような柔らかさを得ることができる。また棒状にまるめると、線的な材料として立体物の構造をつくることができる。

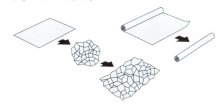

▷ **並べる**
並べる活動は、低学年の造形遊びに適している。特に点的な特性をもつビー玉やおはじき、ボタンやペットボトルキャップなどを、教室や廊下、階段、屋外などに並べると、思考しながら移動した「時間」が、目に見える形で示される。

▷ **ちぎる（紙の目について）**
機械でパルプを一定方向に流しながら製造されるため、進行方向に繊維が揃う。新聞紙を手で裂く活動の中で、裂く方向によって細長くなったり、不定形になったりすることを発見し、自ら紙の目を知ることもある。

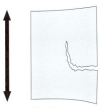

▷ **紙のサイズについて**
洋紙のサイズ（A版・B版）は、右図のようになっている。例えばA版は、最大のA0を1㎡に設定し、その半分がA1、その半分がA2、その半分がA3となるが、全てのサイズの縦横比は一定（$1:\sqrt{2}$）になっている。身近なコピー用紙などで確かめてみるとその合理性に驚くはずである。

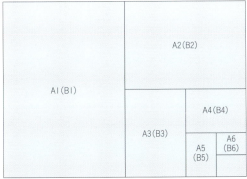

▷ **紙の厚さについて**
紙の厚さを示す単位は、主に「連量(kg)」、「坪量（g／㎡）」、「紙厚（μm）」がある。連量は原紙1000枚あたりの重さで「110kg」というように表記される。簡易的に並口、厚口といった表記がされる場合もある。

指導のツボ

造形遊びでは、児童の主体性を大切にしたいものです。例えば、新聞紙を使った活動では、切り方や折り方を最初に教師から説明するのではなく、まずはゆっくり材料に向き合う時間を確保していきましょう。材料に触れながら、切ったり、まるめたり、ちぎったり、裂いたり、投げたりして感触を楽しむ中から、児童は面白そうな活動を自ら発見していきます。材料の変化・変容を楽しみながら様々な表情との出会いを経験すること、その過程こそ次の活動につながる大切な時間なのです。

用具と技法

まとめる

造形遊びの材料を出発点として造形表現に至るプロセスに着目すると、大きく二つの傾向で捉えることができます。一つは「まとまり」を求める傾向、もう一つは空間に向かって「広がる」傾向です。

材料の特徴

のり

でんぷんのりは扱いやすく水で洗い流すことができるので低学年での使用に向いている。水で薄く伸ばして紙を貼り合わせることにも適している。

クラフトテープ

安価で色数も多く、粘着力も強い。特に段ボールやボール紙などの接着に適している。基本的に重ね貼りや着色ができない。

両面テープ

両面に接着剤の付いた紙製のテープ。貼り合わせる素材や接着力の違いによって様々な製品があるので、目的によって使い分ける。

▶ **段ボールマウンテン**

段ボールをローラーで着色した後、カッターナイフで細く切り、「線材」をたくさんつくった。その後、木工用ボンドを付けながら、バランスを取るように次々に積み重ねてつくった学生作品である。リズミカルに「まとめる」ことで、楽しさや高揚感が伝わる。また、このような活動のヒントを、鳥の巣やミノムシなど、身近な自然の中で探すのもよいだろう。

▶ **新聞紙ボール**

新聞紙をまるめ、表面を新聞紙のカラーページをちぎったもので覆った。できあがったものは、柔らかく、投げても安全である。テニスボールぐらいと、バレーボールぐらいの大きさでは、自ずと遊び方も違ってくるだろう。

▶ **新聞紙タワー**

材料として、新聞紙とセロハンテープのみを使用した。児童は、新聞紙のまるめ方を知り、どうしたら立体としての強度をもたせることができるかを考える。正四面体や立方体が基本形態になるが、横に長くつなげることで船の形になったグループや、教室の天井に届きそうな高さのあるタワーになったグループがあった。

用具と技法

広げる

「広げる」活動の一つとして「並べる」があります。並べるためには、数多くの並べるものが必要です。木材や段ボールの端材、わりばし、おはじき、サインペン、ペットボトルのキャップなど、探すことそのものも活動です。また、児童の活動の「広がり」を保障するために、全身で取り組むことができるような広い場所を確保しましょう。教室内であれば、机の上からいすの下へといった場所も活用できます。

▶ **並べて広げる**

身の回りにある材料の並べ方を工夫して、並べる活動を楽しむ。材料として色水を入れたペットボトル400個、体育館用具室にあるカラーコーン40個、フープ40個、長縄10本などを用意した。場所は適度な広さを考え、児童玄関前とした。材料をどんどん並べながら遊ぶ中で、目的を共有した友だちと一緒につくることを楽しんだ。「おでかけタイム」を設けた。「迷路」をつくった児童は、友だちが「迷路」で遊んでくれたことを喜んだ。

▶ **積んで広げる**

箱を並べたり積んだりしながら、箱の形や色といった特徴に気付き、それを基にイメージを広げて活動する。

> **指導のツボ** 図画工作で使用する材料は、購入して準備できるものばかりではありません。事前に学級通信などを利用して保護者に協力をお願いするのもよいでしょう。例えば空き箱などは、共通のものを購入するより、各家庭で違ったものを準備する方が、幅広いアイデアにつながります。またペットボトルキャップなどを大量に用意したいとき、クラス全員の家庭の協力があれば可能です。

活動してみる〔実践〕

ワークシート 1 p.89〜90

レポート課題 音を広げて

学習目標のキーワード：新聞紙の特徴、素材感、オノマトペ　破く、まるめる、つなぐ、貼る、友だちとの協力

大量に無料で入手しやすく、身近な材料である新聞紙の表現の可能性を探ります。「オノマトペ（擬声語／擬音語・擬態語）」をテーマにして、音のイメージを造形に転換する試みです。このページを参考にして、新聞紙を使ったオリジナルの題材「音を広げて」を考え、実際に活動してみよう。

製作の進め方

1　テーマにするオノマトペ（擬声語／擬音語・擬態語）を選ぶ。

「ぐるぐる」、「ひらひら」、「ごろごろ」、「つんつん」、「すいすい」、「ぽつんぽつん」など。実践では、事前にプリントしたオノマトペを、グループごとに選んだ。グループごとに決めたオノマトペを製作中は明かさず、発表会の際に他のグループにオノマトペを当てさせるのもよいだろう。

2　新聞紙に触れながら、グループで方針を決める。

一人一人が考えを伝え、互いに尊重しながら、方針を決めるが、材料に触っているうちに、表現方法が浮かぶこともあるため、必ずしも最初に全て決めなくてもよい。違った考えをぶつけ合うことで、化学反応のように、だれも思い付かなかった新しいアイデアが生まれることがある。

3　新聞紙とセロハンテープのみを材料として、テーブルの上に自分たちのイメージを表現する。

グループ内で協力しながら活動していく途中で、新しいアイデアが浮かび、方針が変わることもあり得る。造形遊びでは、材料に触れる活動の中での新しい発見を大切にしたい。

新聞紙に触れて、ちぎったり、まるめたりして材料の特性を知り、変化を楽しむ。

4　グループごとに発表を行う。

メンバーが工夫点などを述べた後、他グループの感想を聞く。他者の経験を共有することで、より深い学びにつながる。

5　遊びの要素を取り入れて後片付けをする。

使用した新聞紙をビニル袋に詰め込み、油性ペンで顔をかくなどして遊ぶなどしてもよい。造形遊びでは、結果としての作品が残らないことが多い。（写真やビデオの活用は有効である。）作品は残らないが、活動過程の中で、目には見えないけれど、「工夫する力」が身に付いてゆく。

課題イメージのヒント　廃棄物が生まれ変わる

造形活動では身の回りにある廃棄物が格好の材料となることがあります。エル・アナツイ（1944年生まれ）は、世界から注目されているガーナ生まれでナイジェリア在住の彫刻家です。彼の作品「重力と恩恵」はタペストリーのような形状で500×1120cmと巨大なものですが、近付いてみると、無数のボトルキャップ（アルミニウム）が銅線で編み上げられています。また新聞紙をこよりにしながらボンドで貼り付け動物をつくったり、ガムテープで巻きながら大きな作品をつくっている作家がいます。身近にある材料が造形活動によって様々な表情をもつ作品に変化することに気付くことができるでしょう。

調べてみよう　エル・アナツイ、新聞紙を材料に立体作品を制作している作家 など

PART 2 低学年における造形遊び活動場面 屋外活動

つくり、つくりかえ、つくる

造形活動を大きく二つの側面から捉えてみましょう。一方は、材料とその形や色などに働き掛けることから始まる側面、他方は、自分の表したいことを基に、それを実現しようとする側面です。「造形遊び」は前者、「絵・立体・工作」は後者の傾向と捉えることができます。「造形遊び」は、児童が自ら材料や場所などに働き掛け、そこから発想していきます。一度つくってみて満足することもありますが、途中で計画が変わることもあります。「つくり、つくりかえ、つくる」という活動です。絵や立体、工作では、作品をつくることが目的の一つになりますが、造形遊びでは、試行錯誤の過程そのものが重要です。すぐにうまくいかなかったとしても、児童の主体的な活動を見守る教師の姿勢も必要です。ここでは低学年の屋外活動に目を向け、材料を並べたり、積んだり、つないだりするなど、手や体全体を使った活動について考えます。

題材例 すなや つちと なかよし

学習目標 体全体を使って、砂や土の感触を味わい、楽しみながら造形的な活動を思い付く。

材料 土、砂、水など

用具 空き容器、シャベル、スコップ、バケツ、ペットボトル

技法 積む、掘る、固める、流す

授業の流れ

導入 10～20分	児童の活動	砂や土を使って、体全体で活動することを知り、どんなことができそうか考える。
	教師の言葉	「砂や土でどんなことがしてみたいかな。まずは手や体をどんどん使って活動しよう。安全に活動するにはどんな注意が必要かな。」
展開 30～55分	児童の活動	材料や用具も使い、思い付いたことを試しながら体全体で活動する。掘ったり、並べたり、積んだりしながら思い付いたことを試し、つくる。
	教師の言葉	「面白いことを考えたね。この後さらにどうなるのかな。友だちと協力しても楽しいね。友だちの工夫を見付けるのもいいね。」
振り返り 5～10分	児童の活動	試したことやつくった形を見合いながら、材料の感じやイメージを捉える。自分たちの工夫を発表するとともに、友だちの活動の面白さや楽しさについて話し合う。
	教師の言葉	「砂や土はどんな感じがしたかな。お話してみよう。友だちはどんなことをしたのかな。見付けてみよう。」

『平成27年度版 図画工作1・2上 教師用指導書 指導解説編』P.32参照

視点を変えて 砂場や地面は、子どもたちにとって、初めて出会う自然の材料であり、友だちとの交流の場です。さらにいえば、身体を通して自分たちが住む地球と交信する場でもあります。十分に土や砂で遊んだ先に、材料としての粘土があると考えられ、立体に表す活動につながります。また、粘土を水でドロドロにして「土絵の具」をつくり、指などでかけば(右図)、絵に表す活動につながります。

材料

自然材

自然の材料に触れたとき、優しさと温もりを感じるのは、古来より人間と密接な関わりをもってきたからでしょうか。木の葉や落ち葉、等々、校庭や学校の周辺を散策するだけで多種多様な自然物を材料として集めることができます。学校周辺の環境によっては、河原の石や貝殻・流木なども入手できるでしょう。

材料の特徴

砂

校庭の砂場で活動したり、学校の近くに河辺や海辺があれば、それらが自然な砂場になる。掘ったり、山にしたり、体全体で関わることができる。

土

校庭には地面がある。地面は土でできている。地面を使って釘打ちやビー玉遊び、穴掘りができる。水を加えれば泥遊びができる。土質の違いにも注目したい。

石

学校の近くの海や川で収集できる。特徴としては、小さくても重さがあること。形や色が多種多様であることなどがあげられる。

木の葉・木の実

木の実や落ち葉の色・形は実に多様で、並べたり敷き詰めたりするなど、造形遊びに最適な材料である。秋という季節限定の自然からの贈り物である。

枝・流木

枝材は樹皮の色柄や枝ぶりが多様である。拾ったり、伐採材をもらったりして入手できる。海辺や河原で収集した流木は、肌合いや形に味わいがある。

木のつる

あけびや籐は、太さ2mm程度の弾力性に優れたつる材である。編んでカゴなどの実用品をつくる他、造形遊びの材料としても広がりがある。

▷ **固める（カップなどに詰める）**
土や砂は、適量の水を混ぜ、カップなどに詰めることで固めることができる。

▷ **流す**
地面に溝を掘り、水を流せば川のようになる。水と人間の長い付き合いの出発点かもしれない。

▷ **並べる・積む**
河原や山の石を拾い上げて、並べたり、積んだりする人の行動は極めて自然なものであろう。一つ一つの石は、色も形も違っており、お気に入りを探す楽しみもある。

▷ **つなげる**
かつて、子どもたちは、山で藤つるにぶら下がったり、つるをつなげて木の間を渡ったりして遊んだ。「身体性」は造形遊びの肝である。

▷ **つなぐんぐん**
木や棒の材料をどんどんつなぐ。つなぎ方や組合せ方を工夫する。普段の教室内活動では味わうことのない開放感に満ちた活動である。グループで話し合いながら、枝の選択やつなぎ方、場所の特徴をどのように生かすかなどを決めていく。校庭で剪定された枝などを事前にたくさん確保しておくことは教師の大事な仕事である。

シュロ縄などの、植物を原料とした材料を併用してもよいだろう。

▷ **自然材による立体**
自然材は立体的活動場面でも活用できる。木の面白い表情を見付けたり、断面の年輪を観察したりするのもよい。自然の森を思いながらつくることで、自然や動植物、さらに自分の作品を大切にする気持ちが生まれる。

> **指導のツボ**　何かをつくっているときだけが「造形遊び」の時間ではありません。屋外に出て、「何か面白いものはないかなあ」と散策する時間も大切な時間です。「この石、顔みたいだ」と拾い上げ、「動物をつくってみよう」と考え、胴体や手足になりそうな材料を探します。立ち止まって、思い悩む時間こそ創造性が育つ時間かもしれません。

用具と技法

土や砂を使う

土や砂、石などの自然材と人間との関わりは、洞穴や石器や土器を思いだすまでもなく、人類の歴史とともに今日まで続いてきたといってもよいでしょう。また、「造形遊び」が図画工作科の指導内容に位置付けられるずっと以前から、地面や砂場は子どもたちの絶好の遊び場でした。水たまりを見付ければ、子どもたちは突進し、泥遊びを楽しみます。大人は、衣服の汚れを気にしてしまいますが、「ドロドロ」「びちゃびちゃ」といった泥の感触は子どもにとってなんとも魅力的なものです。造形遊びの視点でいえば、その感触は子どもたちのイメージを広げ、次の活動へ展開する原動力になります。

用具の特徴

スコップ

土や雪を掘るための道具。足をかける部分があるものとないものがある。シャベル（英語）とスコップ（オランダ語）という呼び名がある。小さいものは園芸用こてと呼ぶ。

バケツ

液体などの運搬に使われる取っ手の付いた容器。ブリキやポリエチレン製のものが多い。学校現場では清掃用具としても使われているので児童にとってもなじみがある。

ホース

ゴムやビニルでつくられた、液体や気体などの流体を送るための管である。造形遊びでは、水を送る道具として使用するのが主だが、音を送ることもできるだろう。

▶ **活動の準備**

材料
児童が十分に活動できる量を準備する。土や砂は掘り起こしたり、水をまいたりして状態を整えておく。

用具
スコップなどの手で扱う道具は、年齢を考慮して大きさや材質を選ぶ必要がある。片付けの際は砂などに埋もれていないか、数も確認する。

場所
活動に必要な十分な広さと必要な場合は原状復帰できる環境を選択する。

用具と技法

木の葉や枝を使う

樹木の幹や枝は、まさに自然の秩序が詰まっており、そのものが美しい造形物であるともいえます。樹皮の色や枝ぶりも、それぞれ個性的です。太い幹材は構造体をつくるときに土台にしたり、幹自体を並べる活動に使用したりできます。枝材については、周辺の森で拾うか、学校や公園などの伐採材の提供を受けることも可能でしょう。その他、流木などは、地域によって海岸や河原で収集することができます。のこぎりで切ったり、釘や接着剤で接合したり、様々な展開が可能です。

用具の特徴

ビニル袋

木の葉や木の実を集めたり、砂や土、水を運ぶことができる。活動に合わせた大きさや材質、厚みなどを考慮して準備する。

手袋

軍手やゴム手袋など場面によって使い分ける。木の枝や木の実などを児童が扱う場面では怪我の防止になる。

服装

汚れが気になる場面ではポンチョやスモッグ、エプロンなどを着用すると汚れを気にせず思う存分活動することができる。

▶ **活動の準備**

材料
十分に活動できる量と種類を準備する。児童が集める場面では、現場の環境を視察し、危険がないことを確認しておく。

用具
学年に応じた活動内容を考えて、必要な大きさや適した材質の用具を準備する。

場所
木の枝を立てる場面などでは地面の硬さや地質も影響するため事前に確認しておく。

▶ **安全への配慮**

材料
木の枝の先端やとげなど、自然材には怪我の危険性もある。「目の高さに枝の先がこないようにする」など具体的な指導をする必要がある。

用具
はさみなどの使い慣れた用具も普段と使う環境が違うと怪我をする危険性も増す。特に低学年では事前の指導だけでなく活動中の様子を十分把握できるようにする。

場所
グループごとに活動する場合には危険のない距離を保てるように配慮する。自然の中で活動する場合には蜂の巣などがないか周辺の状況を十分に把握しておきたい。

> **指導のツボ**　図画工作科の授業では安全への配慮が必要です。教室内での活動では落ち着いて活動している児童も環境が変わることで気持ちが高揚し、思いがけない行動をすることもあります。普段使い慣れている用具や校庭などの身近な場所も児童の行動を予測しながら用具の大きさや場所の広さが適当か見直してみましょう。造形遊びでは児童一人一人の活動に気を配りながら、楽しく安全に活動できるように適切な場面で言葉を掛け、児童の集中力と目的意識を持続させることが大切です。

活動してみる〔実践〕

ワークシート 2 p.91〜92

レポート課題　どんどんならべて

学習目標のキーワード　自然物、材料を選ぶ、屋外、形、大きさ、並べる、広げる

葉っぱや石など、身の回りのものを並べてみる。自分が住んでいる環境に合わせ、活動可能な自然材を選び、「並べる」活動を行う。

▷ **材料を見付ける**

「何をつくるか」ではなく面白いと思った形や色、手触りなどを大切にして集める活動をする。

▷ **並べた形から考える**

石や葉っぱをまず地面に並べることから始める。「並べる→見る→並べる」の繰り返しで広げていく。

▷ **人工材を並べる**

並べるものが人工材になることで児童の発想も変化する。鮮やかな色やつるつるした手触りといった自然材とは違う感覚が家やロボットといった人工的で機械的な形のイメージにつながることもあるだろう。

製作の進め方

1 選んだ場所で活動を始める。
校庭などでは、様々な制約があるのであらかじめ考慮する。生きている植物の葉を取ったりするのは避けて、原状復帰ができることを前提に場所を選ぶ。

2 材料を選ぶ。
並べる活動を考えて、手で運べるもの、たくさん入手できる材料を選ぶ。学校の備品などは形を変えずに元に戻せるものを条件に選ぶ。

3 材料を並べる。
材料の形や手触りを楽しみながら集めた材料を並べる。できた形からイメージを広げてさらに材料を加えて並べていく。

4 鑑賞、教師による撮影。
どんなものができたか、グループごとに発表する。後で鑑賞できるように写真や動画で記録を残す。

5 後片付け（原状回復）。
使った用具や、場所を元の状態に戻す。片付けもみんなで協力しながら楽しく取り組む。

課題イメージのヒント　場所を感じて

アンディ・ゴールズワージー（1956〜／イギリス）は森や河原などでその場にあった木の葉や石などを並べたり組み合わせたりする作品で知られています。彼の作品は計画的に選ばれた場所というよりも状況に応じて訪れた何の変哲もない場所で制作されることが多く、できあがる作品はとてもはかないもので、その形も時間とともに変化していきます。普段見慣れている場所（空間）やものも自らが働き掛けることで新たな発見ができることに気付かされます。川俣正は、建物を廃材で覆うインスタレーションを行う美術家です。彼の活動は構築物を組み立てるプロセスそのものが作品の一部となっており、プロジェクトが行われる場所の歴史や文化とも関わっています。

○ **調べてみよう**　アンディ・ゴールズワージー、川俣正 など

PART 2
低学年における
平面的造形活動場面
描画的・版画的内容

感じたこと、想像したことからイメージを広げる

子どもの絵は、運動機能、認知機能、感情の機能などの発達に加えて、生活における様々な事柄や人間関係などの体験を重ねることで変化していきます。低学年の時期においては、周囲の人やもの、環境に全身で関わりながら、対象と一体となった活動が見られます。絵に表す活動では、楽しかったことや驚いたこと、さらにそこから想像したことなどが主題となります。そのような児童の思いを大切にした指導をすることが重要です。また、自分の中で広がったイメージをそのまま表したかと思うと、形や色を目まぐるしく変化させ、表し方を楽しむようにさらにイメージを広げていく姿もしばしば見られます。発想が次々に展開するのは、この時期の特徴であり、その場その場の児童の状況を見取り、尊重しながら指導にあたることが大切です。

題材例 見て 見て おはなし

学習目標 物語の好きな場面を選び、想像を広げて絵に表す。

材料 画用紙、色画用紙、共用の絵の具、クレヨン、パス、サインペンなど

用具 筆、パレット、筆洗など

技法 スタンピング、バチック、コラージュ

『平成27年度版 図画工作 1・2上 教師用指導書 指導解説編』P.76参照

授業の流れ

導入 15〜45分
- 児童の活動：教科書の作品例を見ながら、物語や場面を想像する。物語を聞いたり、読んだりして好きな場面を思い浮かべる。物語のどこが好きか発表し合う。
- 教師の言葉：「教科書の作品はどんな物語のどんな場面かな。物語を読むので、好きな場面を思い浮かべよう。好きな場面を紹介し合おう。」

展開 150〜200分
- 児童の活動：絵に表したい場面を見付けて、楽しく表す。描画材や材料、用具を選びながら表す。
- 教師の言葉：「好きな場面を、楽しく絵に表そう。思いに合わせて紙や用具を選んでもいいよ。」

振り返り 15〜25分
- 児童の活動：互いの作品を見合い、好きな場面について話し合う。
- 教師の言葉：「かいた絵を友だちに見せながら、好きな場面を話そう。友だちがかいた絵の楽しいところを見付けよう。」

視点を変えて

学校で使用される画用紙のサイズは四つ切りか八つ切りが多く、自然でかきやすい形です。しかし、絵の形やサイズは自由であり、ときには変形画用紙を使うのも新鮮です。右の絵は「ジャックと豆の木」を読んで聞かせた後に6歳児がかいたものです。画用紙を縦に二つに切ったものを使用したことで、上へ上へと伸びる豆の木が臨場感をもって表現されています。また、絵の指導の際、子どもの絵の途中の状況によって紙を「継ぎ足す」のも有効です。イメージが外に向かって伸び伸びと広がってゆきます。

PART 2　低学年における平面的造形活動場面　描画的・版画的内容

材料

クレヨン・パス

子どもが初めて出会う画材であるクレヨンとパス。クレヨンは、大正6年に輸入され、「自由画教育運動」を進めた山本鼎(かなえ)が広め、さらに改良されパス（学校では、商標のクレパスではなく、パスと呼ぶ）ができました。両方ともロウや油脂に顔料を加え、棒状に固めた描画材です。

材料の特徴

クレヨン

ロウ分が多く、油脂が少ない。やや硬い。柔らかくかけるため、線描に適している。色が混ざりにくい。水をはじく。

パス

ロウ分が少なく、油脂が多い。やや柔らかい。伸びがよく、面を塗るのに適している。ぼかしやすい。水をはじく。

ペン

水性ペン、油性ペン、顔料系水性ペンなどがある。一定の濃さや太さの線を引けるが、変化を付けづらい。

▷ **クレヨンを使う**

線描を生かしてかくとよい。力の入れ具合で様々な線をかくことができる。同様に、様々な表情に点を打つこともできる。

▷ **パスを使う**

柔らかいので、色を重ねて混ぜることができる。色の組合せや重ねる順番で表情が変わる。また、指などでこすって、ぼかすことができる。

材料と用具

共用の絵の具

低学年で絵の具を使う場合、共用の絵の具が便利です。ポリチューブやボトルに入った大型のものが市販されており、必要な分量を取り分けて使うとよいでしょう。粉末を水で溶いて使うタイプのものもあります。

材料・用具の特徴

絵の具・ポスターカラー

共用で使う場合は大きめの皿に入れ、水で濃度を調整する。「アクリル系」の絵の具は、水で溶けるが乾くと耐水性になる。

筆・刷毛

筆には、丸筆、平筆などがある。太さは号数で示され、数字が小さいほど細い。12号程度の丸筆他、用途に合ったものを用意するとよい。

溶き皿・パレット

基本的に1色に1枚使うので、多めに準備する必要がある。プラスチック製のもの他、空き容器や古くなった給食の皿や椀なども利用できる。

> **指導のツボ**　ポスターカラーなどの水性絵の具とアクリル絵の具の違いを、指導者はよく理解する必要があります。両方とも水溶性ですが、ポスターカラーは一度乾いても水に溶け、アクリル絵の具は乾くと耐水性になります。そのため、アクリル絵の具でかいたものは屋外にも展示できます。しかし一方で、洋服に付くと落ちにくく、使用後の筆やパレットをよく洗わないと固まって元に戻りません。

材料

鉛筆・色鉛筆

鉛筆は、描画用というより筆記具として、とても身近な存在です。画材としては、先端がとがっているため線描や細部をかくのに適しています。色鉛筆も、小さな面積の着色に適しており、また、少しずつ色を付けることができるので、繊細な表現やグラデーションなどに有効です。

材料の特徴

鉛筆

芯は黒鉛と粘土を混ぜて押しつぶし乾かしてから焼き固めたものである。黒鉛の割合が多いと柔らかく濃い黒の芯になる。

色鉛筆

顔料や染料、タルク、ロウ、のりなどを混ぜてつくられている。着色後、筆で水を塗ると水彩のようになる水彩色鉛筆もある。

全芯色鉛筆

色鉛筆のかきやすさと、クレヨンの発色のよさを生かした色鉛筆。

▷ **鉛筆を使う**

芯の硬さには、柔らかい方から6B〜2B、B、HB、F、H、2H〜9Hの17段階ある。それぞれの硬さを生かした線描や美しいトーンの表現が期待できる。

> **指導のツボ**　まずは教師自らが、クレヨンとパス、様々な鉛筆・色鉛筆を十分使ってみて、効果の違いを「実感」することが大切です。使い方を試すうちに、例えば折れたパスの有効な用途を思い付くかもしれません。図画工作の授業のよしあしは、授業が始まる前にほぼ決まってしまうのではないでしょうか。教材研究などの事前準備こそが生命線といえるでしょう。

用具と技法

様々な技法

クレヨンやパスは、塗り重ねや混色、盛り上げができます。その優れた特性を生かし、様々な技法が考えだされています。一方、ポスターカラーなどの水性絵の具は、混ぜる水の量の違いによって多様な表情を見せます。油性のクレヨン・パスと水性絵の具を組み合わせると、表現の幅はさらに広がっていきます。

▷ バチック

クレヨンやパスでかいた後に、上から水彩絵の具をのせると、かいた部分の絵の具をはじく。塗り方や水の量によって様々な表情になる。ロウ成分の多いクレヨンの方がよくはじく。ロウソクや白クレヨンを使うと「白ヌキ」の効果を楽しめる。

バチックの効果を生かし、虫と一緒におでかけする場面を想像してかいた。

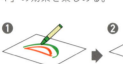 

❶ クレヨンで絵をかく。強めにかくとよくはじく。
❷ 水彩絵の具を薄く溶いて背景に塗る。
❸ クレヨンの油分が水彩絵の具の水分をはじく。

 point クレヨン・パスの筆圧によって効果が異なる。絵の具を軽く置くように筆を使う。

▷ フロッタージュ

フロッタージュは木の葉やボタンなどの凹凸のあるものに紙をのせ、クレヨンや色鉛筆でこすって、形を写し取る技法。のせる紙はしなやかで破れにくい和紙などが使いやすい。紙がずれないように指を広げておさえながらこするとよい。

フロッタージュを素材にコラージュをした作品。

 ❶ 凹凸のあるものに紙をのせる。
 ❷ クレヨンや色鉛筆でこする。
 ❸ 向きを変えたり重ねたりしていく。

白のクレヨンでフロッタージュをしてからバチックを施した作品。

 point 薄くコシのある紙を使う。折れて短くなったクレヨンも使いやすい。

▷ スクラッチ

まずクレヨンで明るめの色を塗る。その上に黒などの暗い色を塗って、とがったわりばしや竹ひごなどで引っかくと下の色が鮮やかに出現する。線表現を生かした「花火の絵」などには最適である。

スクラッチで表した花火。

 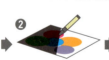 ❶❷❸

❶ 明るめの色で塗る。円形や帯状など模様を考えて塗ってもよい。
❷ 黒や紺などの濃いめの色で塗る。下の色が見えなくなるまでしっかり塗る。
❸ わりばしや竹ひごなどで濃いめの色を削り取る。力加減を調節する。

 point 隣り合う色の配置、ニードルやわりばしの先端の太さに気を付ける。

▷ スタンピング

溶き皿やスポンジでスタンプ台をつくる。皿の上に絵の具を含ませた布などを置くのもよい。スタンピングしやすいように濃度や量を調整する。ピーマン、シシトウ、レンコンなどの断面をスタンプ台に押し付けて色を付け、紙に押し付ける。

スタンピングの作品例。

 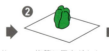 

❶ 溶き皿に絵の具を溶いたりスポンジに絵の具を染み込ませてスタンプ台をつくり断面に絵の具を付ける。
❷ 均等に圧力がかかるようにスタンプする。
❸ 他の色や他の形を重ねていく。乾いてから重ねると滲みにくい。

 point 絵の具の量と濃度の調整。スポンジを浸すとよい。

用具の特徴

スポンジローラー

スポンジ製のローラーは絵の具の吸い込みがよく軽い。混ざりながら伸びていく色の変化も面白い。

バット・トレイ

ローラーで絵の具を伸ばす際に使う。ローラーがよく転がる絵の具の量と濃度を調整するとよい。

▷ いろいろなものにかく

ペットボトルやプラスチックシートなどの透明なものは発色が変化し、木の板などの表面に凹凸のあるものはテクスチャが生かされ意外な表情が生まれるだろう。つるつるしたものにかくときは、クレヨンとアクリル絵の具が適している。

指導のツボ 小学生が水彩絵の具を使うとき、もっとも重要なのは「水の量」です。水が少なすぎるとベトベトで伸びが悪く、下がきの線描も生きません。水の量が多すぎると、さらさらで色の強さがなくなり、弱々しくなりがちです。材料の使い方が悪くて、よいアイデアがしぼむのは残念です。「マヨネーズだと水が少なすぎ、牛乳だと水が多すぎ」などの言葉で喩え、実演しながら分かりやすく説明しましょう。市販の「共用の絵の具」は、スタンピング他、低学年の活動にとって使いやすい濃度に調整されています。

PART 2　低学年における平面的造形活動場面　描画的・版画的内容

表してみる〔実践〕

ワークシート **3** p.93〜94

レポート課題

スクラッチでつくる

学習目標のキーワード　色、形、偶然性、スクラッチ、クレヨン、パス、表したいこと

▷ 題材のヒント

> テーマ：上塗りが黒に近い色なので、闇や夜を連想する。比較的小さいサイズなので、だれかにプレゼントできる、など。

> サイズ、形：スクラッチは細かい作業なので、過度に大きなサイズは避けましょう。また、例えば、形を「円」に限定したら、どんなアイデアが浮かぶでしょうか。

> 色：上塗りは暗い色が効果的であるが、「黒」でなくてもよいでしょう。

> スクラッチの用具：釘の大きさ、わりばしの加工の仕方を考えよう。その他にも使えそうな道具が身の回りにないか探してみましょう。

スクラッチの喜びは、引っかいた瞬間、まるで闇に光が差し込むかのように、暗い色の中から、鮮やかな色が出現するところにあります。引っかくまで、どんな色が出るのか予想できず、ドキドキします。ここで示したスクラッチによる実践は、「身に付けるものの装飾」をテーマにしたものです。参照の上、スクラッチに適したオリジナルのテーマを考えてみましょう。

製作の進め方

1 アイデアを考える。
どんなことを表すか、どのような模様にするか、考える。

2 輪郭をかき、色を塗る。
厚手のケント紙（16切程度の大きさ）に鉛筆で輪郭をかく。比較的明るい色調のパスで、形の中を分割するようにしっかりと塗る。

3 形を切る。
輪郭に沿ってはさみで切り取る。形をよく見ながら丁寧にはさみを使って切る。

4 塗りつぶす。
黒や紺、茶など暗めのパスで全体を塗りつぶす。または、アクリルガッシュ（混ぜる水の量は少なめ、色は黒＋有彩色）でパスが透けないように全面を塗りつぶす。版画インクをローラーで塗ってもよい。

5 スクラッチする。
釘やわりばしの先を鉛筆のように細くしたもので、「スクラッチ」する。わりばしの先を平べったくすれば、太い線や面も削れる。削りかすが出るので作業は新聞紙等の上で行い、後片付けにも注意を払う。

課題イメージのヒント　作品をじっくり鑑賞するために

スクラッチ作品では上塗りのクレヨン・パスが擦れて別の紙などを汚してしまうことがありますがアクリルガッシュや版画インクを使用すれば、この問題は避けられます。さらに上記実践では、仕上げに「ラミネート加工」を施したので、一段と発色がよくなりました。ただし、上塗りがクレヨン・パスの場合、ラミネート加工は厳禁です。熱でクレヨンやパスが溶けてしまいます。材料と用具、技法を適切に選択することで作品が「強度」をもち、児童がじっくりと手に取り鑑賞できる「時間」を作品にもたせることになります。そこから自分の作品に対して愛着も生まれてくるでしょう。

🔍 **調べてみよう**　クレヨン・パスの特性、ラミネート加工

PART 2 低学年における立体的造形活動場面 立体・工作

自分の思いを表現することを楽しむ

低学年では感覚や気持ちを生かしながら造形的な活動を進めていくことが大切です。児童は材料に直接触れて質感や色、大きさなどを捉えていきます。初めて触れる土粘土の「ヒヤッとした」感覚や「グニュッとした」感覚に驚き、それらを楽しみながら造形活動が始まります。そして材料のもつ形や色、質感から様々なことを思い付き、材料に働き掛けることでさらに新しい発想が生まれます。立体的な造形活動でも材料に触れ合った感覚や気持ちは造形活動と直接つながっており、材料に対する働き掛けが、自分と同じ空間に実存として即座に立ち表れる現象は、彫刻や工作の大きな魅力の一つでしょう。また感覚や気持ちを生かしながらも、どのようにつくるかを考えながら活動を進めていけるようにしていきましょう。

題材例　おもいでを かたちに

学習目標　うれしかったことや楽しかったことを思いだしながら、立体に表す。

材料　土粘土

用具　粘土板、粘土べら、竹串、雑巾など

技法　塑造

授業の流れ

導入 20〜45分
- 児童の活動：友だちと話をしながら、うれしかったことや楽しかったことを思いだす。粘土で表したい出来事や場面を考える。
- 教師の言葉：「学校でしたことや、みんなでしたことで、楽しかったことやうれしかったことはどんなことかな。みんなで話し合ってみよう。」

展開 50〜105分
- 児童の活動：粘土をひねり出しながら形をつくる。細かいところは竹串などを使って形をつくる。周りの様子などさらにつくりたいものを考えながらつくる。
- 教師の言葉：「粘土をひねり出してしっかり立つようにつくろう。細かい部分は竹串などを使ってもいいね。周りの様子や人など、思い付いたらどんどんつくっていこう。」

振り返り 20〜30分
- 児童の活動：友だちと作品をいろいろな向きから見合い、互いの表したかったことや工夫について紹介し合う。
- 教師の言葉：「友だちと作品を見せ合いながら、どんな楽しかったことを表したのか教えてあげよう。友だちの作品のどんなところが楽しいかな。」

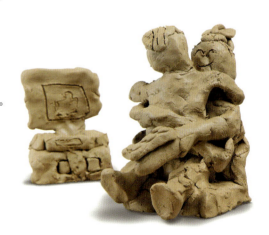

『平成27年度版 図画工作1・2下 教師用指導書 指導解説編』P.62参照

視点を変えて　粘土は形を自由に変化させることができる材料です。人や動物などの具象的な形をつくることの他に、その特性を生かしてひも状に伸ばしたり板状に広げたりしてできた「かたち」からイメージを広げて抽象的な造形をつくりあげていく活動もできます。触覚を十分に働かせながら粘土と格闘し、自分だけの面白い「かたち」を見付けていくような活動も児童の創造性を広げていくことにつながるかもしれません。

PART 2　低学年における立体的造形活動場面　立体・工作

材料と用具

粘土

児童にとって材料の「感触」は造形感覚を触発する大切な要素です。粘土は触ったときの「ひんやり」した冷たさや、握ったときの「ぐにゅっ」とした柔らかさが感性を刺激します。土やパルプなど主原料によって手触りや特性が変わるので、題材によって粘土の種類を使い分けることが必要です。

材料の特徴

土粘土

土を原料にしており、自然な手触りが特徴。焼成用としてテラコッタ粘土や信楽粘土がある。

軽量粘土

中空体やパルプなどを原料にした粘土。大変軽く、乾燥させると削る加工も容易にできる。

油粘土

油と石粉が主原料。乾燥しても固まらず保管しやすい。粘土同士は付くが、剥がれやすい。

樹脂粘土

樹脂を原料にした粘土。透明感があり絵の具などでの着色ができる。自然乾燥で硬化する。

紙粘土

パルプが主原料の粘土。乾燥すると軽くなり、絵の具での着色も可能。伸びがよくない。

小麦粘土

小麦粉を主原料とする粘土。柔らかい感触で鮮やかに着色されたものもある。乾燥すると硬化する。

▷ **液体粘土**
ドロドロした液体状の粘土。紙筒や空き箱などを芯材に布に含ませてかぶせることで有機的な形をつくることができる。

▷ **芯材について**
紙粘土はびんや紙筒などを芯材にするとペン立てなどの入れ物の形をつくりやすい。

用具の特徴

粘土べら

細かいところや手が入りにくいところをつくるときに使用する。粘土を押さえて整えるものと削ったり、かき出したりするものがある。

切り糸

粘土を切り出すときに使う。金属のワイヤーでできたものと、ナイロンの糸でできたものがある。端の握りを指にかけて使う。

粘土板

粘土で製作するときに机に置いて使う。木製のものと合成樹脂製のものがある。土粘土の場合は木製のものが使いやすい。

▷ **掘る・かき取る**
粘土の塊を掘るときは、かきとりべらを使う。

▷ **付ける**
土粘土同士を付けるときは表面を細かく傷を付けて、水に溶けた泥状の粘土（ドベ）を塗ってから付けると剥がれにくい。

▷ **保存する・再生する**
製作途中の作品は乾燥しないようにビニル袋に入れ、口をしっかりしばる。硬くなった土粘土は霧吹きで水をかけ、染み込むのを待ってから硬さが均一になるまで練り直す。

材料

塑造的に紙を使う

紙はくしゃくしゃにまるめたり、一度水に溶かして型に流したりすることで形状を変化させることができます。繊維の長い和紙はコシが強く破れにくい特徴があり、繊維の短い紙は水に濡れると破れやすくなります。黄ボール紙などの厚紙も水に濡らすと柔らかくなり皮革のような質感に変化します。

材料の特徴

和紙

紙の繊維が長いので水に濡らすとしなやかになる。小さくちぎって張り子をつくったり、そのまま、まるめて乾燥させたりすることで立体的な造形ができる。

パルプ

紙の原料となる植物の繊維。木・草・わら・竹などが原料となる。身近なものでは牛乳パックをミキサーにかけてつくることができる。

▷ **紙をまるめてつくる**
紙はまるめるとしわができる。右の写真は空想上の動物の体を、まるめた紙を貼り付けてつくっているが、まるめることによってできたしわのテクスチャが恐竜などのでこぼこした表皮を思わせる表現になっている。

指導のツボ　紙は平面的なものとして捉えがちです。しかし、植物の繊維でできているため水に濡らすと柔らかくなり、細かくして水に溶かすと型に流すこともできます。また木工用ボンドやでんぷんのりを薄く溶いて紙に含ませると乾いたときに硬くなります。様々に変化する材料の特性を生かして造形表現の可能性を広げていきましょう。

技法

粘土の技法

粘土を材料として器などをつくる工芸的（工作的）な造形活動では、その製作工程により「手びねり」「ひもづくり」「板づくり」などの成形方法があります。また土粘土は焼成することで硬くなり、水にも強くなります。釉薬を掛け、さらに焼成（本焼き）することで水を通さないガラス質の膜をつくります。焼成されることで土が変化していく「焼き物」（陶芸）は児童にとって驚きであり、魅力的な造形活動の一つです。

▷ 手びねり

粘土の塊を指で押し込んだり、つまんだりしながらつくる技法。手で押さえたあとが味わい深い表情になる。ヘラで表面を整えてもよい。

▷ ひもづくり

ひも状にした粘土を積み上げることでつくる技法。

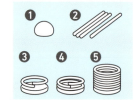

▷ 焼成

800度程度で焼くことを素焼き、釉薬を掛け1200度以上で焼くことを本焼きという。素焼きはテラコッタともいう。成型の際に内部に空気が閉じ込められていたり、素焼きの前の乾燥が十分でないと割れたり、破裂することがある。

製作工程
❶成型 → ❷乾燥 → ❸素焼き → ❹施釉 → ❺本焼き

素焼き　　　釉薬を掛け本焼き　　　電気窯

▷ 板づくり

粘土の塊を板状にスライスしてつくる技法。皿などの他にも板状にした粘土を組み立てることで箱やカップなどもつくることができる。

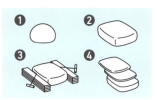

▷ 塑造と彫造

彫刻は粘土などを付けてつくる「塑造」と石などを削ってつくる「彫造」に分けることができる。

塑造（モデリング）
粘土などを付けながらつくる技法。大きなものは角材や針金などの芯材が必要になる場合がある。土粘土を焼成する場合には中空構造にするか、空気を閉じ込めないように製作し、日陰で十分に乾燥させる。針金などで空気を逃す細い穴をあけてもよい。

彫造（カービング）
石や木の塊を彫ったり、削ったりしてつくる技法。左の写真は木彫風粘土を使用している。図画工作の材料としては比較的柔らかいものが適しているのでメラミンスポンジなども使用できる。

技法

紙の塑造的な技法

紙は貼り重ねたり、溶かした繊維を型に流したりすることで立体をつくることができます。工芸品のだるまや赤べこなどは紙を材料としています。細かい表現は難しいですが、大きさのわりに軽く丈夫なものができるのでお面や帽子などをつくるのに適しています。袋状のものに紙を詰めることで柔らかい立体をつくることもできます。

▷ 貼ってつくる（張り子をつくる）

新聞紙などの薄い紙をボール紙の骨組みや風船などに貼り重ねることで立体をつくることができる。

ボール紙を帯状に切りホチキスで止めて骨組みをつくる。　　新聞紙を薄く溶いたでんぷんのりなどで貼る。　　絵の具の発色をよくするために白い紙を貼る。　　ポスターカラーなどの絵の具で着色する。透明ニスなどの耐水性の塗料を仕上げに塗ると強度が増す。

▷ 詰めてつくる

紙袋に新聞紙やシュレッダーにかけた紙などを詰めるとぬいぐるみ状の立体ができる。

> **指導のツボ**
> 粘土は直感的に造形ができる材料ですが、人の形を立たせたり器の形をつくったりするためには部分の太さや厚みに気を配る必要があります。児童自らがつくりながら材料の特性に気付き、理解していく過程を大切にするとともに、教師の側からも必要なときに適切なアドバイスができるように配慮することも必要です。材料に直接手を触れ、その感触を楽しみながらつくりあげた作品は児童にとって、いとおしいものになるでしょう。

表してみる〔実践〕

ワークシート 4 p.95〜96

レポート課題 1 恐竜のたまご

学習目標のキーワード：粘土の感触、色の変化、練りこみ、マーブル模様

製作の進め方

1 クッションをつくる。
紙ボウルに、染めた英字新聞をちぎって置き、クッションをつくる。

2 軽量粘土に絵の具（三原色、または好きな色）を練りこむ。
初めにつくった色粘土の半分を分ける。色粘土を混ぜて別の色をつくる。使い捨て手袋等を使用する。

3 たまごをつくる。
2を全部まるめたのち、すり鉢状にし全体をたまご型にする。その後「ねじり」を入れてマーブル模様をつくり、両手で叩くようにして表面を整える。

4 たまごを1のクッションに置く。

レポート課題 2 土鈴をつくる

学習目標のキーワード：土粘土、土鈴、焼き物、つくりながら考える

製作の進め方

1 テラコッタ粘土をよく練りおわん状の形をつくる。
500g程度の粘土をおにぎりのようにまとめてから親指でくぼみをつくる。

2 1cm程度の粘土の球をつくる。
新聞紙をくしゃくしゃにしてまるめ、中に直径1cm程度の粘土の球を入れる。

3 粘土を伸ばしてまるめる。
2を1のくぼみの中に入れ、粘土を延ばし、新聞紙が見えなくなるように塞ぐ。粘土の厚みは、1cm程度で、なるべく均一になるようにする。

4 つくりたい形をつくる（装飾する）。
表面を引っかいたり、粘土を付けたり、型を押し付けたりして、装飾をする。「取っ手」や大きめの粘土を付けるときは、接合面を荒らし、「ドベ（水でドロドロにした粘土）」を付けて押し付けるようにする。必ず通気口としての「穴」をあけなければならない。鈴らしく細長い穴をあけてもよい。

5 焼成する。
1〜2週間乾燥させたのち、窯に入れ、800度程度で素焼きをする。窯の温度が下がったら窯出しし、「穴」を下にして新聞紙の灰を落とし、完成。

課題イメージのヒント 土を材料に形をつくる

土偶は、今から約1万3千年前〜約2千400年前（諸説あり）の縄文時代につくられました。埴輪がつくられた古墳時代よりだいぶ前です。課題2と同様、「素焼き」によるものですが、窯ではなく「野焼き」でつくられたようです。土偶は基本的は女性像です。妊娠した姿も多く、安産や豊穣を祈ったものと思われます。「縄文のビーナス」と呼ばれる土偶があります。長野県の棚畑遺跡から出土しました。高さ27cm、国宝です。右の写真は、レプリカを見ながら模刻したものです。テラコッタでつくられる楽器「オカリナ」や砂でかく「砂絵」も土を材料とした造形といえます。原初的な材料である土でできた造形の起源を辿ってみましょう。**調べてみよう** 縄文のビーナス、テラコッタ、オカリナ、砂絵 など

縄文のビーナス（模刻）

PART 2 中学年における造形遊び活動場面 屋内活動・屋外活動

身近な材料や場所を基に、新しい活動を思い付く

低学年の児童は、自己中心的傾向があり、思うがままに活動しているように見えますが、中学年になると、友だちとともに活動することを好むようになります。互いに協力しながらよりよいものをつくろうと、様々な空間を利用しながら、活動そのものを楽しんでいるようです。例えば、机の下の隙間や遊具の中などの狭い空間や、体育館や空き地のような広い空間から造形的な活動を思い付き、お気に入りの部屋を作り上げます。また、一度つくった形に、別の材料を組み合わせるなどして、新しい形や色を発見するなど、アイデアが次々に浮かんでいる様子が見られます。新しい試みをしようとする児童を見守り、励ましながら、児童の主体的活動を支援することが大切です。

題材例 ひもひもワールド

学習目標 体全体を使って広い空間をひもなどで形づくることを通して、場所の様子を変える活動を楽しむ。

材料 毛糸、梱包用のひも

用具 はさみ、デジタルカメラなど

技法 結ぶ、つなぐ、広げる、囲う

授業の流れ

導入 5〜10分

- 児童の活動：教科書の活動例を見て、校庭や特別教室などの広い空間にひもを張り巡らせて形づくったり、場所に働き掛けたりする活動に興味をもつ。
- 教師の言葉：「広い場所でひもをつないでどんなことができるかな。自分がしてみたいことを見付けたり、友だちと話したりしよう。」

展開 65〜95分

- 児童の活動：ひもの色の組合せを考えたり、つなぎ方を工夫したりして、空間に働き掛ける造形活動を楽しむ。結んだひもを上や下から眺めて、見え方の違いに気付き、発想を広げる。
- 教師の言葉：「だんだん広い空間が変化してきたね、思い付いたことを試しながら、どんどん広げていこう。見る高さや向きを変えると、どんな感じに見えるかな。」

振り返り 20〜30分

- 児童の活動：お気に入りの場所をデジタルカメラで記録してもらい、材料や用具の片付け方を知り、使った場所をきれいにする。
- 教師の言葉：「楽しんだ場所で写真を撮るよ。どこが一番のお気に入りかな。それから、使った場所を元のようにきれいにしよう。」

『平成27年度版 図画工作 3・4上 教師用指導書 指導解説編』P.74参照

視点を変えて

クモが巣作りに専念している姿を見たことがあるでしょうか。網を張るためにまず枠糸を張ります。出糸突起から糸を出し、それを風にのせて飛ばし、向こう側に引っ掛けます。その糸の上を往復して糸を強化することで枠をつくります。次に、放射状に縦糸を張ります。縦糸を張り終えると、中心から外側に向けて、大まかな螺旋状に糸を張ります。最後に外側から内側に向かって細かく螺旋状に張っていって網状のわなを完成させます。合理的な工程も見事ですが、その造形的な秩序はなんとも美しいものです。

PART 2　中学年における造形遊び活動場面　屋内活動・屋外活動

材料

面的材料

材料は面的な要素をもつものと線的な要素をもつものに分けることができます。段ボールやビニルシートなどの面的な要素をもつものは、つないだり、囲んだりすることで家やトンネルなどをイメージさせる構造的な空間ができます。わりピンなどを使って、動きにつながる造形も展開できるでしょう。

材料の特徴

段ボール

波型の芯材を厚紙で挟んだ板状の紙。2層や3層のものもある。厚みのわりに軽く大きなものをつくることができる。

ボール紙

多層抄きの厚紙。片面または両面が白いものを白ボール紙と呼び、わらパルプでつくられたものを黄ボール紙と呼ぶ。

合成樹脂製シート

ポリエチレンなどが原料のシート。薄いものはロール状の製品もある。透過性のものは光を用いた活動にも使用できる。

▷ **段ボールをわりピンでつなぐ**
①つなぎたい位置にパンチや千枚通しで穴をあける
②2枚の段ボールを重ね、わりピンをさして裏側で開く

一穴パンチ

わりピン

裏側で開く

▷ **段ボールを切り込みでつなぐ**
組み合わせる部分に段ボールカッターで切り込みを入れて差し込む。

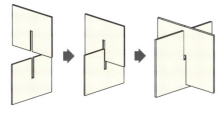

point 段ボールの厚さより少し細く切り込みを入れて、きつめにつくる。

指導のツボ　構造をつくる場面では切り込みや接着といった接合方法を工夫する必要があります。造形遊びでは材料に対しての行為を設定するので活動の広がりを想定した材料と用具を準備しましょう。低学年では感覚的につなぎ合わせることができる粘着テープなどが扱いやすく、高学年では切り込みを利用した、より複雑な加工も加えることができます。

材料

線的材料

ひもやロープなどの線的な材料は空間への広がりを意識する活動が期待できます。アクリルや綿といった材質の違いによって強度が変わったり、切ったり結んだりするときの扱いやすさが変わるので、学年や活動する場所の大きさに合わせて材料を準備する必要があります。

材料の特徴

ひも・毛糸

アクリルや綿のひもは手触りがよく強度がある。毛糸は安価なので造形遊びで多量に使う場面に適している。

スズランテープ

ポリエチレン製のカラーテープ。PEテープとも呼ばれる。発色が鮮やかで強度もある。細く裂いて使うこともできる。

わりばし・角材

わりばしや角材はつないでいくことで線的な要素が生まれる。構造をつくることができるので立体的な広がりが期待できる。

▷ **わりばしを輪ゴムでつなぐ**
わりばしを輪ゴムでつないでいくと構造をつくることができる。細く軽い材料なので無理な力が掛かりにくく「つなぐ」活動をどんどん広めていけるところが魅力になる。大きくなるにつれて友だちと協力し合ったり、形が崩れないようにするためのアイデアを出し合ったりする活動も期待できる。

指導のツボ　児童は何もない空間に一本のロープが張られることでその空間を発見することになります。スケール感を肌で感じられることが造形遊びの醍醐味の一つですが、活動に適した広さは学年によって異なります。活動時間も考えながら、「一つの空間」をつくりあげることができる適切な場所の設定が大切です。

用具と技法

切る

切る道具は材料の特性にあったものを選ぶことが大切です。例えば段ボールをカッターナイフで切ろうとすると刃が段ボールにかからないため、滑りやすく危険です。段ボールカッターなどの用具を使うことで安全で効率的に切ることができます。材料に適した用具の選択とその用具を正しく使うことは、児童の「つくりたい思い」に沿った製作を実現し、「つくりだす喜び」につながっていきます。

用具の特徴

段ボールカッター

段ボールの加工に適したカッター。刃がギザギザになっており段ボールに食い込みながら滑らずに切ることができる。

使いやすいのこぎり

細い棒や薄い板などを切る場合は小さく片手で引くことができるのこぎりが使いやすい。

▶ **段ボールを切る**

はさみで切る
段ボールなどの厚い紙は、はさみの根元で切ると切りやすい。

段ボールカッターで切る
机のない場所では太い角材や箱状のいすを台にして浮かせると切りやすい。

▶ **使いやすいのこぎりで切る**

厚い段ボールや薄い板、細い棒などは目の細かい使いやすいのこぎりを使うとよい。

▶ **ひもを切る**

細く柔らかいひもや薄い樹脂テープは友だちに引っ張ってもらいながら切ると切りやすい。声をかけ協力しながら活動を進める。

用具と技法

つなぐ

木材をつなぐときに使う「釘」や「げんのう」は一見単純な用具・材料に見えますが、げんのうを使うときの腕の動きや、釘や板への力のかかり具合が正しくないと、すぐに曲がってしまったり、なかなか打ち込めなかったりすることがあります。げんのうの力をしっかり受け止める机や台の上に、板や角材を浮かないように置き、釘にげんのうの頭が垂直に当たるように振りおろしましょう。

用具の特徴

げんのう

げんのう（玄能）の頭の片面は平面で、もう片面は曲面になっており、釘を打つ際に使い分ける。頭の重さで大・中・小・豆げんのうなどがある。

金づち

頭の平らな面の反対側が釘抜きになっているものを箱屋金づちと呼び、先端が細くなっているものを先切り金づちと呼ぶ。

釘

鉄だけでなく、真鍮やアルミ、竹などの釘もある。JIS規格の名称で「N19」と表記された場合、長さ19mmの鉄釘をさす。

釘抜き

釘を抜くための用具。かじや・バールとも呼ばれる。釘の頭が木に打ち込まれているときは金づちで打って頭を出してから食い込ませる。

きり

目的によって先端形状の違うきりを使い分ける。釘の下穴をあける際は四つ目ぎりを使い、木ネジでは三つ目ぎり、穴を貫通させるときはつぼぎりを使う。

▶ **釘の下穴をあける**

きりで下穴をあける。それぞれ穴の大きさが違うため、目的によって使い分ける。

つぼぎり	三つ目ぎり	四つ目ぎり
大きな穴をあける場合に向く	四つ目ぎりより穴が大きく、木ねじの下穴に向く	三つ目ぎりより穴が小さく、釘の下穴に向く

▶ **釘を打つ**

釘を打つときは柄の端を持ち、肘を支点に頭が弧を描くように振りおろす。打ち始めは頭の平面で打ち、最後に曲面で打ち込む。

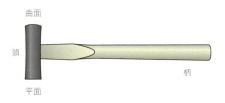

▶ **釘を抜く**

材料を傷付けないように当て木をし、釘抜きやペンチを使う。

指導のツボ　釘を打つときに支えた指をげんのうで叩いてしまうことがあります。特に中学年でげんのうの扱いに慣れていない場合は、打ち始めのときにペンチやラジオペンチで釘を挟むと指を叩いてしまう危険を避けることができます。彫刻刀やのこぎりを使う際も道具の動く方向に手を置かない工夫をすることで怪我を予防することができます。

▶ **穴をあける**

紙やバルサ材などの柔らかく薄いものに穴をあける場合は千枚通し（左）や目打ち（右）を使う。

PART 2　中学年における造形遊び活動場面　屋内活動・屋外活動

活動してみる〔実践〕

ワークシート 5 p.97〜98

レポート課題

段ボールをつないで

学習目標のキーワード　段ボール、構造、つなぐ、組合せ、変化する形

▷ **段ボールをつなぐ**
　テープやのりを使わずに段ボールをつなぐ方法を考えよう。

▷ **こわれないように形をつくる**
　つくりたい形を保つためにどこを工夫するとよいか考えよう。

▷ **立体的造形活動への展開**
　段ボールに切り込みを入れ、組み合わせる活動は、具体的なテーマを設定し取り組むことで立体的活動へと発展する。下の写真は「段ボール怪獣」をテーマにした題材。

製作の進め方

1. **つなぐ方法を知る。**
　テープやのりを使わずに段ボールを組み合わせる方法を考える。

2. **用具の使い方を知る。**
　段ボールを切る時のはさみや段ボールカッターの使い方を理解する。

3. **段ボールを切る。**
　切り方や組合せ方を考えながら段ボールを切っていく。

4. **切り込みを入れてつないでいく。**
　できたパーツに切り込みを入れて立体的につないでいく。

5. **鑑賞する。**
　できた形を友だちと鑑賞し、工夫したところや面白いと思ったところを発表し合う。

課題イメージのヒント

場所に気付く

　クリスト＆ジャンヌ＝クロードは建物や橋をまるごと布で包んだり、谷に巨大なカーテンをかける作品で知られる美術家です。私たちは布で「梱包」された建物や橋を見ることで、改めてその存在に気付かされます。普段は意識していない空間がものによって規定されることで認識される現象ともいえるでしょう。造形遊びも体を存分に働かせて「この世界の存在」を発見していく活動といえるかもしれません。他にも糸を空間全体に張り巡らせたインスタレーションを行う作家もいます。造形表現の多様性について考えてみましょう。

🔍 **調べてみよう**　クリスト＆ジャンヌ＝クロード、糸を空間全体に張り巡らせたインスタレーションを行う作家

41

PART 2 中学年における 平面的造形活動場面 描画的・版画的内容

偶然から思い掛けないものが生まれる

この時期の児童は、冒険心も強く、表し方の工夫に意欲的で、想像したことの実現に向けて熱中する姿が見られます。また自分の興味関心にこだわりを見せる時期でもあります。このような児童の好奇心を引きだす題材として、ここでは「モダンテクニック」を取り上げます。例えば、十円玉の上に紙をのせて、鉛筆でこすり出した経験はだれにでもあると思います。この方法を「フロッタージュ」と呼びます。また、性格検査の一つとして有名なロールシャッハテストに使用されるカードは、「デカルコマニー」によるものです。偶然性を生かした技法は、20世紀以降の多くの画家たちによって試みられていますが、教育の場でも、子どもの創造性と製作意欲を刺激します。ここでは、様々な材料や用具に触れながら、モダンテクニックの技法とその展開について考えてみましょう。

題材例　絵の具でゆめもよう

学習目標　絵の具でいろいろな表し方を試しながらつくった紙を使い、形や色、組合せを考えながら工夫して絵に表す。

材料　水彩絵の具、画用紙、ビー玉、ストロー

用具　パレット、トレイ、筆、筆洗

技法　デカルコマニー、スパッタリング、ドリッピング、マーブリング、コラージュ

授業の流れ

導入 15〜45分
- 児童の活動：絵の具でいろいろな表し方を試しながら、模様の紙をつくる方法を考え、活動の見通しをもつ。
- 教師の言葉：「絵の具や水の量を変えると、いろいろな表し方ができるよ。いろいろな材料や用具を使って、どんな模様ができるかな。」

展開 60〜180分
- 児童の活動：身近な材料や用具の使い方を工夫して、いろいろな方法で紙に模様を表すことを楽しむ。模様の紙の特徴を生かしながら、コラージュをして絵に表す。
- 教師の言葉：「模様の紙を切ったり、組み合わせたりして絵に表そう。コラージュをしながら、さらに思い付いたことをかき加えてもいいよ。」

振り返り 15〜45分
- 児童の活動：自分や友だちの活動や作品から、よさや面白さなどを感じ取る。
- 教師の言葉：「工夫したことや、すてきだなと感じたことを聞かせてね。」

『平成27年度版 図画工作 3・4下 教師用指導書 指導解説編』P.18参照

視点を変えて　小学校教師を目指す学生の中には、絵をかくことに対して苦手意識をもっている人が少なくありません。その理由は、「うまくかけない」＝「本物そっくりにかけない」と考えているからではないでしょうか。しかし、「モナリザ」など、明暗法による対象の再現は、西洋美術の「一つの価値観」です。近代以降の絵画は、対象の再現からの脱却に向かっているようにも見えます。日本の絵画、例えば「鳥獣人物戯画」も「浮世絵」も対象の再現ではありません。美術は、色と形の実験場です。様々な技法の体験を通して、美術の多様性を楽しみましょう。

PART 2　中学年における平面的造形活動場面　描画的・版画的内容

材料

絵の具　絵の具とは、顔料（土や鉱物、また、人工的に合成した色の粒）に展色剤（接着剤）を混ぜたものです。展色剤の違いによって、油絵の具、水彩絵の具、アクリル絵の具日本画の絵の具などに分かれます。ここでは、小学校でもっとも多く使用される「水彩絵の具」について理解しましょう。

材料の特徴

透明水彩絵の具

透明度が高い。白い紙にかくのが原則で、明るくしたいときは水を多く混ぜる。色を重ねると下の色が透け、中間色を得ることができる。

半透明水彩絵の具

透明水彩と不透明水彩の中間の特徴をもつ。水の調節によって、透明にも不透明にも使える点が児童にとって扱いやすい。

不透明水彩絵の具

不透明なので混ぜる水を少なめにすると面塗りしてもムラになりにくい。色の付いた紙にも塗ることができ、重色しても下の色が透けない。

水彩絵の具
顔料をアラビアゴムで練った絵の具。分量比の違いによって透明水彩と不透明水彩（ガッシュ）に分けることができる。

指導のツボ
24色セットなど色数の多い絵の具セットは、美しい中間色がそろっており魅力的です。一方で、児童自らが混色する機会が減り、色の微妙な変化に対する感性が鈍くなるかもしれません。12色セット程度の不透明、または半透明水彩を使うのがよいでしょう。

▷ 混色で色をつくる

赤に青を混ぜる

黄に青を混ぜる
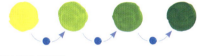

黄に赤を混ぜる

▷ 絵の具を溶く

筆の水分の調節

筆洗の縁で水をしごき、雑巾などで水分を調節する

パレットで溶く

筆の穂先ですくい上げた絵の具を円を描くように溶く

筆洗の使い方
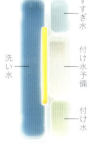
色がにごらないように筆洗の水を使い分ける
（すすぎ水／付け水予備／付け水／洗い水）

▷ 透明水彩と不透明水彩の違い

透明水彩絵の具

透明水彩の特徴を生かした学生作品。白いところは、紙の白を生かしている。絵の具の白は使用していない。

不透明水彩絵の具

不透明水彩の特徴を生かした学生作品。グレー調の色用紙にかかれている。白いところは、絵の具の白を使っている。

材料

絵をかく紙　紙を選ぶとき、考慮すべき点として「吸収性」と「厚み」があります。また作業に適した「大きさ」も考慮しましょう。四つ切り（382×542㎜）、八つ切り（271×382㎜）などの寸法のものが市販されています。

材料の特徴

画用紙

薄手のものから厚手のものまで市販されている。数多くの種類があるが、一般に「吸収性」は高く、水彩絵の具に最適である。ややざらざらしている方が表である。

ケント紙

吸収性が低いので、不透明水彩で平面的な塗りを行うデザイン的な作業に適している。滲みの効果などを期待しないデカルコマニーに使うと効果的。

和紙

繊維が長く、丈夫である。様々な紙質のものがある。「吸収性」が非常に高いため、滲みを生かした表現や「マーブリング」に適している。独特の手触りにも魅力がある。

指導のツボ
モダンテクニックで得たサンプルをコラージュによって作品化する場合は、材料の「厚み」を考慮する必要があります。後述する「手のひら絵本」では、薄くて丈夫な洋裁用の製図用紙（型紙用紙）を使用しました。

▷ 絵の具を滲ませる

画用紙や和紙などの吸収性の高い紙を使うと絵の具を滲ませることができます。

 ▶

紙に水を塗る　　水が乾かないうちに水を多めに溶いた絵の具を付ける

▷ こするようにかく

ケント紙のような吸収性の低い紙に、水分の少ない絵の具を付けた固めの筆で強くかくと、かすれたような表現ができます。

和紙の滲みを生かした表現

用具と技法

モダンテクニック

モダンテクニックは、偶然にできる形や色を利用した表現です。多くの画家たちの表現の工夫から、以下のような様々な効果をもつ技法が生まれました。モダンテクニックを図画工作の授業で扱うと、児童は実に生き生きと、そして楽しそうに活動します。造形への関心や意欲も高まりますが、単に技法の経験に終わらせないよう、つくったものを材料として、次の活動につなげることが大切です。

▷ デカルコマニー

紙の上に絵の具をのせ、紙を折り曲げ、裏から手で押し伸ばすようにしてから開くと、左右対称の不思議な模様をつくることができる。配色や水の量の工夫で表現は広がる。

❶ チューブから直接絵の具をのせる。 ❷ 紙を二つに折る。 ❸ 二つに折った紙を強く押さえ、ゆっくり開く。

point 絵の具の配置、押さえる強さ

▷ スパッタリング

紙にさかなの形の型紙をのせ、赤や緑でスッパタリングをしている。穴をあけた型紙は魚の形に色が付き、魚の形の紙の上からスパッタリングをすると周りに色が付いて白い魚が現れる。

❶ 金網に筆で絵の具をのせる。 ❷ 紙に型紙をのせる。 ❸ 金網にのせた絵の具をブラシでこする。

point 絵の具の濃さ、金網の高さ、ブラシの向きと傾き

▷ マーブリング

水の上に墨や専用の絵の具を数滴たらし、口で吹くなどして水面上の模様を動かし、形の気に入ったところで紙をかぶせ、写し取る。模様がマーブル（大理石）に似ているところからの呼称である。

❶ 水面に絵の具を垂らす。 ❷ 竹串やわりばしで絵の具を動かす。 ❸ 水面に紙をゆっくりのせ、模様を写し取る。

point 絵の具を垂らす位置、絵の具を動かす量

▷ ドリッピング

筆にゆるめの絵の具を付けて、紙の上に垂らす技法をドリッピングという。筆の勢いの違いで形が変わる。ドリッピング直後、紙の上に溜まった絵の具をストローなどで吹くと、絵の具が紙の上を走ったあとが残り、枝分かれしたような形になる。

❶ 紙に多めの水で溶いた絵の具を垂らす。 ❷ ストローなどで絵の具に息を吹きかける。

point 絵の具の濃さ、色の配置

▷ コラージュ

貼り付けることでつくる技法。フランス語で「のり付け」を意味する。20世紀初頭、ピカソらが印刷された紙を絵画に貼ったところから広まったとされる。紙のみならず、写真や新聞、段ボール、木材など立体的なものを貼り付けるのも面白い。

point のり付けの前に配置を動かしながらよく考える

▷ ステンシル

「孔版」（P60参照）の一種。紙や金属板を切り抜き、型をつくり、刷毛やローラー、タンポ（下図）などで絵の具を刷り込む。写真のように、一つの型から表現が発展する。

タンポ
型紙

point 付ける絵の具の量

指導のツボ　モダンテクニックには技法の名前が付いていますが、実は「名前のないモダンテクニック」が無限にあるのだと思います。例えば、水浸しの紙の上に、ゆるい絵の具を何色か落とし紙をのせると、マーブリングとデカルコマニーの中間のような効果が得られます。床にキャンバスを置き、天井からぶら下げたロープにつかまり素足で絵の具を伸ばすように描いた画家もいます（白髪一雄）。画家の数だけ、子どもの数だけ技法はあるのでしょう。教師は「技法の正確さ」ではなく、子どもの試行錯誤する姿をおおらかに見守る姿勢も大切です。

表してみる〔実践〕

ワークシート **6** p.99〜100

レポート課題

コラージュ絵本をつくる

学習目標のキーワード：モダンテクニック、偶然性、コラージュ

参考作品

製作の進め方

1 モダンテクニックを使っていろいろな模様の紙をつくる。

ここまでで学んだ様々なモダンテクニックを用いていろいろな模様の紙をつくる。

例

3 簡単にアイデアスケッチをする。

表紙1ページ、裏表紙1ページと本体6ページの構成を考える。

表紙	裏表紙	p1	p2
p3	p4	p5	p6

2 手のひらサイズの本をつくる。

手のひらサイズの正方形の絵本をつくる。八つ切りの画用紙の短辺を190mmにカットして、190×380mmにする。あまり紙が厚いと折り曲げにくいので、100kg〜150kg程度の厚みのものを使用する。図のように折り、はさみで切り込みを入れ、十字型になったら、どこかのページを表紙にして折り曲げ、全体をもむようにして本らしく整える。

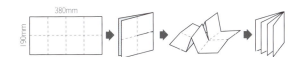

4 サンプルを切って構成し、コラージュしていく。

課題イメージのヒント

絵の具やパスによる表現の多様性

描画材による偶然性や即興性は表現方法の歴史的な変遷とも関わっています。シュルレアリスムの画家、マックス・エルンストはフロッタージュやコラージュなどの間接的で偶然性をはらむ表現を使いました。また、抽象表現主義で知られるカンディンスキーは線や色が鑑賞者の内面に直接働き掛ける表現を試みています。エリック・カール（1929年〜）の絵本を見てみましょう。そして、どうやってかいたのか想像してみましょう。彼の仕事場には、指や筆で着色された薄紙がたくさん用意されています。使えそうな薄紙を選び、切り抜いて部品をつくり、それをコラージュして原画をつくっています。ポイントは二つあります。一つは、色彩豊かで、生き生きしたタッチの薄紙の模様です。二つ目は、パーツを動かしながら形を考えている点です。

🔍 調べてみよう　シュルレアリスム、抽象表現主義、エリック・カール　など

PART 2 中学年における立体的造形活動場面　立体

手や体を十分に働かせ材料や用具を使う

中学年では視覚的にものを見る力を生かしてモチーフを観察し立体に表現したり、自分の思い描いたイメージを基につくり始め、立ち上がってくる形をいろいろな方向から見て、立体的に形を捉えながら造形活動を進めることができるようになります。立体的造形活動場面において「こんな形をつくりたい」という思いを実現するためには、思いに合った材料・用具・技法を使うことができる技能が必要です。例えば「加える力を加減する」「位置や向きを変えてみる」といった体験から学んだコツを造形活動に生かしていくことで「つくりたいもの」を形にできる力が付いてくるでしょう。また、時間をかけて材料を集め、活動を始めるまでに、たくさんの材料に触れることも豊かな創造性を引きだすことにつながります。

題材例　カラフルフレンド

学習目標　いろいろな色の紙や形の組合せ方を工夫し、楽しい「友だち」をつくり、飾る場所を考える。

材料　お花紙、ビニル袋、セロハンテープ、両面テープ

用具　はさみ

技法　詰める、まとめる、しばる

授業の流れ

導入 10〜25分	児童の活動	どの色の紙を組み合わせようか考え、紙をまるめ、透明な袋に入れていく。
	教師の言葉	「お花紙をまるめてみよう。どんな感じがするかな。袋に入れるとどんな見え方になるかな。」
展開 70〜130分	児童の活動	袋の組合せ方を試しながら、どんな形の「友だち」をつくるか考える。飾りなどをつくり、思いに合った「友だち」の形にしていく。
	教師の言葉	「お花紙を入れた袋を組み合わせてみよう。何に見えてきたかな。どんな「友だち」ができそうかな。飾りを付け加えながら、もっと「友だち」らしくしてあげよう。」
振り返り 10〜25分	児童の活動	「友だち」を飾りたい場所を考え、置いた様子をデジタルカメラで撮影する。自分や友だちの作品のよさや見せ方の工夫を話し合う。
	教師の言葉	「「友だち」と散歩に出かけよう。「友だち」はどんなところにいるとすてきかな。友だちと「友だち」を紹介し合おう。撮った写真も見ながら、どういう「友だち」か教えてね。」

『平成27年度版 図画工作 3・4上 教師用指導書 指導解説編』P.40参照

視点を変えて　立体的造形活動場面では様々な材料に触れる経験から、造形の材料が粘土や木だけではなく、柔らかいもの、変形するものがあることに気付くでしょう。児童にとって材料に触れた感覚（触覚）は大人よりもより敏感で繊細であると想像できます。ビニル袋を布や紙に変えてみると、その触感の違いから別の発想も生まれるかもしれません。柔らかく軽い材料でできた作品は、鑑賞する際も机や床に置くだけではなく、糸で天井からつったり壁に貼ったりすることで見え方が変化します。

PART 2　中学年における立体的造形活動場面　立体

材料	
構造的に立体をつくる　**紙**	紙はその種類ごとに大きさや厚み、たくさんの色があります。木材パルプを原料としたものの他、にケナフなどの植物繊維を使用したものもあり、紙のしなやかさや風合いも多様です。また接着の際にクリップで仮止めしたり、折る前に折り筋を付けたりといった「一手間」をかけることでスムーズに活動が進みます。

── 材料の特徴 ──

画用紙・色画用紙

画用紙は吸水性がよいのでのりの接着性がよく、水彩絵の具での彩色もしやすい。色画用紙は材料の色を直感的に形に結び付けることができるので低学年にも向いている。

段ボール・片面段ボール

厚みを利用して断面に接着剤を塗り箱状の形に組み立てたり切り込みを入れて組み合わせ立体をつくることができる。片面段ボールはまるめて曲面をつくるのに適している。

白ボール紙・工作用紙

厚みがあり立体をつくるのに適している。白ボール紙は着色の際の発色がよい。工作用紙は方眼の罫線が印刷されているので展開図をかいてつくるときに使うとよい。

ケント紙

コシがあるので画用紙よりもまるめやすい。筒状の形をつくったり、折って箱状の形をつくったりすることに適している。折り筋を付けるときれいに折ることができる。

▷ **折る・まるめる**

段ボールを折る
角材や定規をあてて折るとよい。波形の方向によって強度や折れやすさが変化する。

段ボールをまるめる
段ボールの波形の目に沿って等間隔の折り筋を付けるとまるめやすい。

画用紙をまるめる
画用紙やケント紙をまるめるときは定規で押さえ紙を抜くようにしごくとクセが付き、まるめやすくなる。

▷ **つなぐ・貼る**

段ボールを接着剤でつなぐ
貼り合わせる両面に木工用ボンドを塗りクリップや洗濯ばさみで固定する。

薄い紙をテープでつなぐ
薄い紙は数か所を短いテープで仮止めしてから貼るとしわができにくい。

▷ **水を含ませる**

画用紙を水に浸してからもむと柔らかくなり有機的な形をつくることができる。そのまま乾燥させると形が固定される。

> **指導のツボ**　紙は厚さや材質によって様々な使い方ができる材料です。例えば薄い紙をまるめて袋に詰めると量塊的な使い方ができ、厚みのある紙は折ってつなぎ合わせることで構成的な造形をつくることもできます。紙質の違いによる手触りやしなやかさなどの感触の変化も創造性を引き出す源となります。児童が紙の「意外な一面」を発見できる場面を準備しましょう。

材料	
プラスチック	プラスチックは合成樹脂の総称で目的によって材質が異なるものがたくさんあります。材質や厚みによってつるつる、ガサガサといった手触りも変化するので、実際に手を触れることで造形のイメージも膨らみます。人工材ならではの鮮やかな発色や光沢・透明感なども児童の創造性を刺激する造形要素です。

── 材料の特徴 ──

発泡スチロール

空気を含ませたポリスチレン樹脂。発泡ポリスチレンとも呼ばれる。他にもメラミンスポンジなどが活用できる。密度によって加工性が変化する。切りくずを吸い込まないようにマスクなどで対応したい。

食品容器

お弁当容器やたまご容器など、その目的のために成形されたユニークな形が想像力を膨らませる。一部分の形を見ることや見る角度を変えることで材料の意外な形に気付くことがある。

ペットボトル

片手で握れるものから取っ手の付いた大きなものまで様々なサイズのものがある。透明で硬質な材質感を生かして、LEDなどの光を用いた造形も効果的である。

▷ **ペットボトルを切る・つなぐ**

切る
滑りやすいペットボトルはリサイクルはさみを使うとよい。

つなぐ
プラスチック類は専用の接着剤が必要な場合もあるが、薄いものはホチキスを使うと簡単につなぐことができる。

▷ **発泡スチロールを切る・つなぐ**

発泡スチロールはカッターナイフで切ると細かい破片が散らかるので、熱で切る発泡スチロールカッターを使うとよい。また接着には専用の接着剤か両面テープを使う。

> **指導のツボ**　プラスチックには人工材ならではの軽やかさや、透明感があります。紙や木といった従来の素材と組み合わせたり、光や空気といった、もの以外の造形要素を加えたりすることで、表現の可能性を広げることができる材料です。

ペットボトルを使った作品

用具と技法

切る

同じ材料でも切る道具によって、できることや仕上がりが変わります。自由な曲線を切るには、はさみが使いやすく、直線にはカッターナイフが適しています。はさみで切りにくい厚紙は定規をあててカッターナイフで数回に分けて切ると安全に切ることができます。用具は手の延長ともいえるものなので児童の手の大きさにあったものを準備することも大切です。使い慣れた用具も基本を改めて確認し、怪我をしないための正しい使い方を身に付けられるよう指導しましょう。

用具の特徴

はさみ

はさみは切るものの材質によって、紙を切るもの、布を切るもの、金属を切るものなどがある。

カッターナイフ

紙にあてる刃の角度を鋭角にすると切れ味がよくなる。切れ味が悪くなったら刃を折って使う。

カッターマット
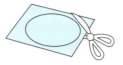
カッターナイフを使う際に机などを傷付けないように紙の下に敷く。

▷ **はさみで切る** — 丸く切る

はさみは脇を軽く締めて、はさみの刃が切る紙と直角になるように、また切る線が正面に見えるような向きで切り進める。

▷ **カッターナイフで切る** — まっすぐ切る
定規を使う際は、切り落とす側にカッターナイフをあてる。厚い紙はなぞるようにして数回に分けて切る。

用具と技法

貼る・止める

つなぐ・貼る用具は材料や活動場面によって使い分けることが大切です。薄い紙を広い面に貼るときはでんぷんのりを伸ばして貼ると効率よく貼ることができます。段ボールや厚紙は木工用ボンドを使い、クリップなどで固定しておくとしっかり貼ることができます。セロハンテープは使いやすい用具ですが、貼ったところに絵の具が付かないので、着彩をする場合は場所を選んで使うことも必要です。ホチキスはのりのように乾燥を待たずに製作を進められるので、テンポよく活動ができます。

用具の特徴

のり・ボンド

のりやボンドなどの接着剤は、貼り合わせるものに応じて使い分ける。画用紙はスティックののりなどが使いやすく、薄い紙はでんぷんのりを伸ばして使う。

テープ

透明なテープはセロハンの他にも、より透明度が高いポリプロピレン製のものもある。マスキングテープは仮止めに使うことができる。

ホチキス

一般的に使われている10号針を使うものから多くの枚数を止められる大きなものまで様々なサイズがある。

▷ **のりで貼る**
のりが乾くまで固定する

わりばしで挟む　クリップで挟む　輪ゴムで止める

▷ **箱をつくる**
のりしろで貼る
① のりしろの付いた展開図をかく
② 折って貼り合わせる

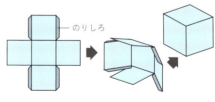
のりしろ

のりしろをつくらないで貼る
①のりしろなしの展開図をかき、辺を合わせてマスキングテープで仮止めする
②合わせた辺の内側に木工用ボンドを線状に付ける

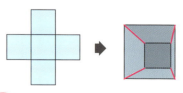
point 折り筋を付けてから折る

▷ **ホチキスで止める**
帯状の紙をホチキスで止めてドームをつくる。
半円状の帯を増やすと半球になる。

point 帯に定規でカールを付けておく

▷ **立てて固定する**
底になる部分の縁に木工用ボンドを塗り、台紙に貼る。

指導のツボ

はさみやのりなど、すでに使い慣れた用具・技法も一味違った使い方があることを知ると、より興味・関心が増すでしょう。「こんなこともできるよ」と構造や加工のヒントを活動の中にちりばめていくと、表現の幅を広げることにつながります。児童は活動の中で見付けた造形のヒントを柔軟に吸収し、自分の経験と融合させて独自の表現に結び付けていきます。まずは自分の中に「こんなこともできるよ」という造形のヒントを増やしていきましょう。

PART 2　中学年における立体的造形活動場面　立体

表してみる〔実践〕

ワークシート 7 p.101〜102

レポート課題 1

くらしてみたい夢の家

学習目標の キーワード：立体、構造、構成 材料の特徴、イメージ

あったらいいなと思う夢の家を考え、ボール紙や空き箱包装紙などの身近な材料を使って構造を考えながらつくってみよう。

製作の進め方

1. **材料に触りながら考える。**
「暮らしてみたい夢の家」をテーマにどんな家にしようか考える。簡単にアイデアスケッチをしてもよい。

2. **使う材料を選ぶ。**
家や家具の材料に使うものを選んで構造を考える。

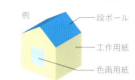
例／段ボール／工作用紙／色画用紙

3. **家の本体をつくる。**
箱などのつくり方を参考にして家の形をつくっていく。

床の固定／家の固定

4. **台紙に固定する。**
家をしっかり固定できる台紙の材料と固定の方法を考える。台紙に固定したあと家具などを加えていく。

レポート課題 2

ゆめのまちへようこそ

学習目標の キーワード：段ボール、大きさ 形、色、組合せ

大きな段ボールを使って、みんなが入れる大きく楽しい、ゆめのまちをつくろう。

製作の進め方

1. **アイデアをまとめる。**
グループで話し合って街のテーマを決める。

2. **建物などをつくる。**
段ボールの組合せ方などを工夫しながら協力して建物をつくる。

3. **建物を組み合わせて街をつくる。**
できた建物などの配置を友だちと話し合い、考えながら並べて街をつくっていく。

4. **鑑賞する。**
できた家の中に入ったり、街の中を歩いたりしながら面白いと思ったところや自分が工夫したところを発表し合う。

課題イメージのヒント　空想の建築

画家として活躍したフンデルトヴァッサーは建物のデザインも手掛けました。彼の建築には「家と人と自然との共存」という思いが込められているといわれます。曲線を生かしたそのデザインは、あたたかな陽の光やさわやかな風の流れを思わせます。荒川修作は美術家として絵画やオブジェを作品として発表していましたが、後年は建築的な実験に取り組み、「養老天命反転地」に代表される身体感覚をゆさぶるような作品を手掛けています。

🔍 調べてみよう　フンデルトヴァッサー、荒川修作 など

PART 2
中学年における立体的造形活動場面
工作

創造的につくったり表したりする

中学年では扱える材料や用具の範囲が広がり、多様な試みが見られるようになります。周りとの関わりも活発になり、友だちの発想やアイデアに関心をもつ時期でもあります。つくりだすものの構造や形の変化に関心をもったり、できあがった作品で友だちと一緒に遊んだりする中で新しい発見をすることもあるでしょう。工作では用途を考えながら構想し、自分らしく技能を働かせながら造形活動を充実させていくことが大切です。これまでに学んできた材料についての知識や、用具の扱い方などの技能を生かし、自分の表現したい形を試行錯誤しながら工夫してつくりだす経験を経て、創造的につくったり表したりする力が付いていきます。

題材例　コロコロガーレ

学習目標　ビー玉が転がり落ちる仕組みに関心をもち、いろいろな方法や飾りを考えながら、楽しい転がり方を工夫して迷路をつくる。

材料　段ボール、色画用紙、ビー玉、絵の具、木工用ボンド
用具　はさみ、カッターナイフ、カッターマット、筆、筆洗
技法　構造を考える、切る、つなぐ、組み立てる

授業の流れ

導入　15〜30分
- 児童の活動：参考作品のビー玉が転がる様子を見て、その仕組みや作品づくりに興味をもつ。紙の扱いや構造、仕組みについて理解する。
- 教師の言葉：「参考作品にビー玉を転がしてみよう。どういうところが面白いと感じたかな。ビー玉がうまく転がるにはどんな工夫が必要かな。」

展開　135〜195分
- 児童の活動：コースの構造の基本となる形を紙の性質を考えながらつくる。紙を折ったり貼ったりして、様々な形のコースをつくり、組み合わせて構成する。
- 教師の言葉：「コースをいろいろな形に組み合わせて、ビー玉が面白く転がるように工夫しよう。コースが丈夫になるように工夫してつくろう。」

振り返り　30〜45分
- 児童の活動：つくった作品を友だちと交換し合い、楽しく遊んで作品の面白いところや工夫してあるところを見付ける。自分や友だちの作品のよいと感じたところを伝え合う。
- 教師の言葉：「作品を交換し合って遊んでみよう。自分や友だちの作品の面白いところや工夫してあるところを教えてあげよう。」

『平成27年度版 図画工作 3・4下 教師用指導書 指導解説編』P.34参照

視点を変えて　ビー玉が転がる様子は楽しいものですが、それだけではなかなかアイデアが出ない場合もあると思います。想像力を膨らませるために空想上の場所や物語を設定したり、動物園や遊園地など自分が知っている具体的な場所のイメージを思い浮かべたりすることで発想が浮かぶかもしれません。作品の全体像はまとまらなくても、まずはつくり始めることで発想のきっかけとなる形ができ、それを見てさらに次のアイデアが浮かんできます。

材料　動きから

動きを伴う工作は児童にとって魅力的な活動です。自分がつくったものが動きだす喜びは貴重な体験となるでしょう。図画工作では輪ゴムを動力にしたり、息を吹き込んだり、針金を曲げてクランクをつくったりする活動が考えられます。身近な材料から生まれる動きを生かして、発想を広げていきましょう。

材料の特徴

輪ゴム・ゴムひも	ストロー	たこ糸・テグス	紙筒	ビニル袋・手袋

輪ゴムは内周の半分の長さで大きさの規格が決められている。幅が広く反発力の強いものもあるので目的に合わせて選ぶことができる。	プラスチック製のものの他にも環境に配慮した紙製のものもある。工作では息を吹き込んで空気を送る他、車輪の軸受けにすることもできる。	たこ糸は引っ張る力に強いので比較的重さのあるものにも使うことができる。テグスは透明で目立たないためモビールなどに適している。	転がる仕組みをつくるときに利用できる。トイレットペーパーの芯は薄く弱いので、ラップの芯などの厚みがあるものの方が適している。	空気が漏れないようにするためには口を完全に閉じてから空気を送る穴を小さくあけるとよい。手袋は膨らませると面白い形になる。

指導のツボ　動く構造は力学的な合理性が求められます。クランクの軸がゆがんでいたり、車輪の軸が中心に固定されていなかったりするとスムーズに動かすことができません。またゴム動力の場合は作品の重さを動かすだけの十分な復元力も必要です。製作途中で動かしてみて、力が足りない場合はゴムの本数を増やしたり、太いものに交換したりする工夫を加えていきましょう。

▷ モビールをつくる

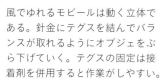

風でゆれるモビールは動く立体である。針金にテグスを結んでバランスが取れるようにオブジェをぶら下げていく。テグスの固定は接着剤を併用すると作業がしやすい。

材料　用途から

工作は用途をもった造形活動です。楽しく使える形を考え、用途に合った材料と技法を選んで工夫しながらつくりだす活動は、普段使っているものへの関心を高めることにもつながります。材料を加工していく過程で、材料の手触りや硬さなどを実感し、特性を知っていくことも貴重な体験です。

材料の特徴

木	紙ひも	音の出る材料

板材は無垢材、合板、集成材、MDFなどの種類がある。無垢材は反りやゆがみがでることがあるが、彫ったり削ったりしたときの素材感がよい。	紙でできたひも。帯状のものと撚った丸いものがある。帯状のものを編むと、かごや敷物などをつくることができる。	紙筒に砂や豆などを入れてマラカスをつくったり、大きめの缶に布を貼って太鼓をつくることができる。素材によって音色が変わる。

▷ 紙ひもでかごを編む

かごの材料としては竹や藤が一般的だが平らな紙ひもを編んでかごをつくることもできる。

▷ 木のペンをつくる

小刀で木を削り、自分専用のペンをつくる。気に入った木の枝を選び、少しずつ小刀で削り出してつくることで、愛着のわくペンができあがる。小刀を使う際は刃先に手を置かないように指導し、必要に応じて作業板を使ったり滑り止めマットを準備したりして怪我を防止する。

▷ 伝えたい思いや気持ち

情報を伝えるデザインも「用途」をもった工作といえる。右の写真は音楽室のサインだが、ピアノの鍵盤やトランペット、楽譜といったモチーフを組み合わせ、一目で音楽室をイメージさせるデザインとなっている。

小刀の使い方

小刀には右きき用と左きき用がある。

指導のツボ　用途をもったものをつくる活動は、その機能と構造を考えることでもあります。物入れをつくるためには十分な強度のための構造や開閉するふたの仕組みを考える必要があります。また身の回りのものから、これらのヒントを見付けようとする主体的な態度を育むことも大切です。児童が自ら考え活動することができる指導を心掛けましょう。

用具と技法

動く仕組み　動く仕組みをつくるための動力には、ゴムの反発力や空気の膨らむ力、クランクの上下運動、車輪の転がる仕組みなどがあります。回転運動を上下運動に変えたり、空気で膨らむ力を上方向の動きに変えたりといった、力の向きを変化させる仕組みも動く工作のポイントです。

▷ **ゴムで動かす**
ゴムの反発力や復元力を利用して動かす。紙筒に輪ゴムを掛け、進めたい方向と逆に捻ると、ゴムの戻る力で動く仕組みをつくることができる。

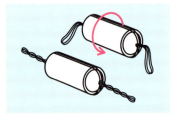

▷ **空気で動かす**
ストローから吹き込んだ空気がビニル袋を膨らませる仕組みを利用する。箱の中に入れた袋が膨らむことで上方向に持ち上げる仕組みができる。

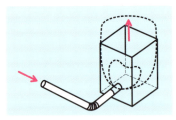

▷ **クランクで動かす**
針金をコの字型に曲げることで回転運動を上下運動に変えるクランクをつくることができる。クランクをずらして複数つくることもできる。

▷ **車輪をつくる**
段ボールを丸く切り抜くなどして車輪をつくり、軸となる丸棒を付ける。軸受けとなるストローをテープで車体に固定し、軸を通す。

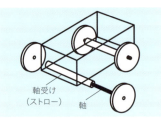

用具と技法

飛び出す仕組み　児童は絵本などで飛び出す仕組みに親しんでいるかもしれません。平面的な本やカードが立体になる瞬間はとても魅力的です。飛び出す仕組みは複雑なものもありますが、基本となる構造をいくつか理解すると、切り込みの形を変えたり、数を増やしたりすることで、変化に富んだ造形をつくることができます。試すための用紙を用意して、つくりながら考え、発見する時間をもちましょう。

▷ **切ってつくる**
二つに折った紙に２本の切り込みを入れ、裏側から押し出すと立ち上がる仕組みができる。立ち上がる面に装飾すると、開いたときに一緒に立ち上がる。

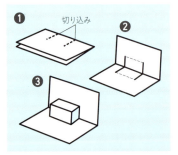

実践例　ありがとうの気持ち 飛び出すカードをつくる

1 アイデアスケッチをする。
カードを送る相手の好きなものや、自分が送りたい形を考え、言葉や絵でかきだし、アイデアスケッチにまとめる。

2 飛び出す仕組みを試す。
アイデアスケッチでかいた形を、飛び出す形にするための仕組みを見付ける。

3 飛び出す仕組みをつくる。
つくりたいイメージに合った色画用紙を選び、飛び出す仕組みをつくり、表紙を貼る。

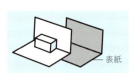

▷ **貼ってつくる**
畳めるように折った紙にのりしろをつくり、のりで貼る。

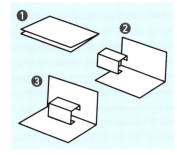

4 カードに飾り付けをする。
飛び出す仕組みに切り抜いた形の画用紙を貼ったり、色鉛筆で色を付けたりしながら、カードをつくっていく。

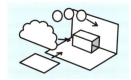

5 鑑賞する。
班やクラスで自分のカードについて発表したり、友だちのカードを見てよいと思った点や気付いた点を発表し合ったりする。

指導のツボ　動く工作は、ゴムや車輪の仕組みを知っていても一度ではうまくできないこともあります。自分がつくりたい動きを実現するために必要な部品の大きさや材料の厚みを考え、よりよく動かすための工夫を重ねることが大切です。実際に動く仕組みを試作し、その動きから発想を得て、自分なりの形をつくりだしていくことも大切でしょう。基本的な仕組みを知った上で、動きを生かした造形活動に進むことができるように、仕組みの見本をつくって提示したり、製作途中の説明ができる図を示したりして、児童が自ら考えるヒントにしていきましょう。

表してみる〔実践〕

ワークシート **8** p.103〜104

レポート課題 へんてこ動物

学習目標のキーワード　工作、動く仕組み、空想上の動物　形、色、構造、表したいイメージ

ゴムの力で動く空想上の動物をつくろう。コトコトゆれながら走る動きを生かした空想上の動物を考えてケント紙で形をつくり、色紙を貼って色を付けよう。

製作の進め方

1　動く仕組みをつくる。
紙管に輪ゴムを付けて紙ボウルにクリップで固定する。

2　アイデアスケッチをする。
動きを見て空想上の動物をイメージし、アイデアスケッチをする。上や横から見た図を加えたり、言葉で補足しておく。

3　形をつくる。
ケント紙をまるめたり、折ったりしながら形をつくり、ホチキスや接着剤、テープなどで固定する。

4　色を付ける。
色紙をちぎったり、はさみで切ったりして、のりで貼る。

5　発表・鑑賞をする。
作品を動かして鑑賞し、工夫しているところや面白いと思ったところを発表し合う。

動く仕組みのつくり方

① 厚めのしっかりした紙ボウルに1cm程度の切り込みを2か所入れる。

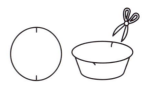

② 紙筒に輪ゴムを2本掛け、テープで止める。

③ 紙筒に掛けた輪ゴムの両端に輪ゴムを2本結ぶ。

④ 輪ゴムの端にクリップを掛ける。

⑤ クリップの付いた輪ゴムをボウルの切り込みに深く掛け、テープで固定する。

課題イメージのヒント　動く造形

ジャン・ティンゲリー（1925〜1991／スイス）は動く美術（キネティック・アート）を代表する美術家です。クランクやモーターを使い、不器用でぎこちなく音を鳴らしたり、なぐりがきのような絵をかいたりする作品があります。彼の作品はユーモラスでありながら懸命に動く姿が見る人の心を惹き付けます。また新宮晋は風で動く彫刻をつくります。繊細なバランスを保ちながら、ゆっくりと動く様子が印象的です。

調べてみよう　ジャン・ティンゲリー、新宮晋 など

> PART 2
> 高学年における
> 造形遊び活動場面
> 屋内活動・屋外活動

身近な場所の特徴を基に、活動を思い付く

高学年の児童は、新聞やテレビ、インターネットなどから取り入れた様々な情報を活用したり、筋道を立てて考えを巡らせたりします。自己の確立に向かい、内面を見つめる資質や能力が育つ時期でもあります。また、集団の中での自分の位置も意識し、友だちの立場に立って、心情を理解した上で行動できるようになります。例えば、グループ活動を通して、児童一人一人が思い付いたことを出し合い、お互いに発想を刺激し合いながら次のステップを探るというのも、この時期ならではの方向性でしょう。造形遊びの内容として学習指導要領では、「空間などの特徴」が強調して示されており、形や色、質感だけでなく、材料の性質、光や風などの自然環境、人の動きなども捉えた活動が期待されます。

題材例　光のハーモニー

学習目標　いろいろな材料に光を通して生まれる形や色を基に、光を当てた際の効果を試し、工夫して場所の雰囲気を変える。

材料　ビー玉、色セロハン、トレーシングペーパー、ミラーシートなど
用具　LEDライト、プロジェクタ、鏡など
技法　インスタレーションなど

授業の流れ

導入　30～90分
- 児童の活動：光のあて方によって美しく変化する透過光や影の美しさに気付く。
- 教師の言葉：「材料に光をあてると、光と影の見え方が変わるよ。いろいろな材料にいろいろな光のあて方をして見え方を試しながら、場所の様子をどのように変えたいか考えよう。」

展開　45～150分
- 児童の活動：光を使って場所をどのように変化させたいかを構想し、材料と光、場所の特徴を組み合わせながら場所の様子を変化させる。
- 教師の言葉：「構想したように光と材料を組み合わせながら場所の様子を変えていこう。場所の特徴も生かしながら、思い付いたことに合わせてつくりかえてもいいよ。」

振り返り　15～30分
- 児童の活動：できたものを友だちと見合い、材料や光源の違いで変化する光や空間の美しさについて話し合う。
- 教師の言葉：「友だちはどのように場所の様子を変えたかな。使っている材料や光のあて方の工夫も見ながら、変化した場所の感じを味わおう。」

『平成27年度版 図画工作 5・6上 教師用指導書 指導解説編』P.78参照

視点を変えて　木漏れ日は木の葉の間から漏れた光の形だけではありません。日食のときの木漏れ日は太陽と同じ欠け方をします。これは木の葉の隙間がピンホールカメラの役目をして地面に太陽の形を映しているからです。「こうすれば、こうなるだろう」といった常識だと思っていることも、実際に試してみると意外な結果が現れることがあります。固定観念にとらわれずに、思い付いたことをどんどん試してみましょう。

PART 2　高学年における造形遊び活動場面　屋内活動・屋外活動

材料

自然を材料として

造形表現活動の材料は、固定された定形の物質だけではありません。光や風・空気、水などの自然現象も含めた不定形で捉えにくい要素も、いろいろな材料を使って目に見える形に変換することで、造形表現活動に取り込むことができます。

材料の特徴

光

光は太陽からの自然光と蛍光灯やLEDなどの人工光に大別できる。

風・空気

風や空気は目に見えないがスズランテープや薄いシートを介してその姿を顕在化させることができる。

水

水は容器に溜めたり、空中にまいたりすることで様々に形を変化していく。

▷ 光をあやつる
光は鏡に反射させて方向を変えたり、半透明のシートを通して目に見える光の感じを変化させることができる。

▷ 風をつくる
人工的な風をつくる／扇風機やドライヤーなどで人工的に風をつくりだすことができる。

体を使って風をつくる／ビニルシートを手に持って走ると大きくたなびく。自分が動くことで風を起こしていると感じることができる。

材料

組み合わせて使う材料

自然の要素を造形遊びの材料にするときに人工的な素材を組み合わせると、様々な形で活動を展開することができます。違う材料を組み合わせることはもちろん、同じ材料も重ねたり角度を変えたりすることで、それまでと違う見え方をすることがあります。

材料の特徴

カラーセロハン

光を透過させることで鮮やかな色を得ることができる。重ねることでより多くの色をつくりだせる。

ポリエチレンシート

ポリエチレンシートは半透明で光を通し、薄く丈夫なため遊具などを包むこともできる。

エアーキャップ

緩衝材として使われるビニル製シート。空気を閉じ込めた「プチプチ」部分が光を屈折させる。

トレーシングペーパー

乳白色の薄い紙。紙でできているのでペンなどで絵をかいたり、色を付けたりすることができる。

ミラーシート

アルミシートなどを接着した厚紙。切ったり、まるめたりすることで様々な方向に光を反射させることができる。

材料

活動する場所

造形遊びでは活動する場所も材料として捉えることができます。教室、体育館、校庭といった場所の違いだけではなく、それぞれの広さによって展開が変化することに注目しましょう。低学年と高学年では同じ場所でも捉え方が違ってきます。学年に応じて、適した活動場所を設定することが大切です。

材料の特徴

教室

教室の面積をはじめ、窓の大きさや位置、天井の高さ、壁の材質や色など様々な要素を含んだ閉じた空間。

廊下

空間は広さだけではなく縦横の比率でも感じ方が変化する。廊下では細長く並べたりする活動が生かされてくる。

階段

階段は高低差を生かすことができる空間である。階段にものを並べることで上下方向の空間を感じることができるだろう。

体育館

天井が高く、風や雨などの自然環境の影響を受けにくい。広さを生かした活動が期待できる。

校庭

土や砂、水や風など自然の要素を体感する活動に適している。遊具や渡り廊下などの設備を利用することもできるだろう。

指導のツボ　高学年になると広い視野で物事を見ることができるようになってきます。見慣れた景色や場所も、空間の捉え方を意識的に変えて活動し、新しい発見ができるようにしていきましょう。例えば見慣れた遊具もビニルシートで囲うことで、それまでなかった空間が出現します。包まれたことでできた遊具の中に入ると、ビニルシートを通して見えるぼやけた景色や、おぼろげな光が充満した空間に体を包まれる感覚が、新鮮な体験を生むことでしょう。

用具と技法

空間との関わり

校庭や体育館など大きく広い空間は児童の創造性を引き出します。自分の体より大きな造形物は、その大きさだけで児童の身体性を刺激して活動の意欲になります。それは、空間と自分の関係性を実感できる瞬間でもあります。一人で組み立てられないときには、友だちと協力し合うコミュニケーションも生まれるでしょう。つくりだす喜びを友だちと共有できることも、大きく広い場所での活動の魅力かもしれません。

用具の特徴

ドライヤー・扇風機
ドライヤーや扇風機を使い、人工的な風を起こしたり、ビニル袋に空気を溜めたりすることができる。

LEDライト
LEDを使用した照明器具は熱くなりにくく、消費電力が低いため長時間使用できる。

養生シート
水を使う場面で床や地面に敷いたり、協力して砂や雪を運んだりできる。

▷ **風を捉える**
光を反射するメタリックテープを棒に付けて地面に固定した。風の流れが形となって現れる。

point 風がよく抜ける場所、風向きが変化する場所などを見付ける

▷ **影を見付ける**
カラーコーンやフープを使って影をつくった。なんの形に見えるかな。

point 高いところから見ると形が分かりやすい

▷ **場所に気付く**
ジャングルジムをビニルシートで包んでみたら透明な秘密基地ができた。中に入るとどんな景色が見えるかな。

point シートに色を付けると見え方が変わる

▷ **光に色を付ける**
コップに入れた色水を通して光に色が付いた。重ねたコップを通して模様もできた。

▷ **水を捉える**
ビニルシートに水を溜めて舞い上げた。空間に舞う水が見たことのない形を現した。

point 形が見えやすい場所や景色を選ぶ

▷ **地域の特性を生かす**
雪をバケツに詰めて固めてみたら、積むことができたよ。

point 海や山など地域の特色ある場所も探す

▷ **場所を変化させる**
階段にみんなの傘を並べたら、いつもと違う場所になった。

point 鑑賞するときに全体が見えやすい場所を探す

指導のツボ 造形遊びでは保存することが難しい活動もあります。児童は自分が関わった近いところは見ることができますが、活動の全体像を鑑賞することができない場合もあるでしょう。できるだけ教師が写真や動画で記録を残すようにし、後で鑑賞してみましょう。

PART 2　高学年における造形遊び活動場面　屋内活動・屋外活動

活動してみる〔実践〕

ワークシート **9** p.105〜106

レポート課題

ふわふわバルーン

学習目標のキーワード　ポリ袋、空気、材料の特徴　つなぐ、友だちとの協力

ポリ袋と空気を材料に、造形遊びを展開する。「つなぐ」ことを行為として設定し、長くしたり大きく広げたりしながら、どんどんつなげていこう。形ができてきたらドライヤーで風を送り大きく膨らませてみよう。

製作の進め方

1　材料に触れる。
ポリ袋を一人2枚取り、触ったり膨らませたりしながら素材感を楽しむ。

2　自分でつくる。
どのようなつなぎ方ができるかまずは自分一人で活動してみる。

3　みんなでつくる。
グループの友だちとできたものを見せ合いながら、どのようにつなげていくか決め、どんどんつなげていく。

4　膨らませる。
ドライヤーで空気を送り膨らませる。支える向きやドライヤーの位置を変えながら、立ち上がる形を確かめる。

5　鑑賞する。
できたものをグループ内で鑑賞して感想を発表し合う。

6　発表する。
グループごとに順番に発表する。
（どんな形になったか）

▷ **袋を開く**
はさみで切るよりもお菓子の袋を開けるように指でつまんで開くと簡単に開ける。

▷ **袋をつなぐ**
短いテープで仮止めしてから長いテープで止めるとずれにくくなり、空気も漏れない。

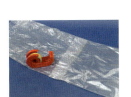

課題イメージのヒント　めぐる自然を材料に

造形遊びの材料には光や風などの自然現象がありますが、その中でも「影」は他とは違う要素を含んでいます。ものとしてつかむことができない点は光や風と同じですが、影は光の角度や時間の経過などで形が変わる点が特徴的です。様々な要因に左右されるため思い通りにいかないこともありますが、それが影の魅力であり、人を惹き付けるところかもしれません。藤城清治は「影絵」で知られる作家ですが、生涯を通して光と影の魅力を追求しています。

🔍 **調べてみよう**　光と影の造形遊び、藤城清治 など

PART 2 高学年における平面的造形活動場面 版画的内容

表したいことをどのように表すか考える

絵に表すこととは、児童が自分の思いを、形や色を工夫しながら、自分なりのイメージとして平面の上に可視化する活動です。高学年では、自分が表したい主題が明確になり、形や色、奥行きなど、対象を正確に捉えて表現しようとしたり、表したい事柄にこだわりをもって表現しようとしたりします。また、客観性が芽生え、友だちのよさや自分との違いを認めた上で、自分の表現を考えるようになります。このような内面の発達と、イメージの世界の関係について理解を深めた上で指導にあたるべきでしょう。ここでは特に、版に表す活動を取り上げ、表現における内容と形式（表現したいことと、実現のための技法）の関係について考えてみます。

題材例　刷り重ねて表そう

学習目標　彫ったり刷ったりしながら、線や色の調子や重なりを確かめて、多色木版に表す。

材料　版木、刷り紙、版画インク、水彩絵の具

用具　彫刻刀、作業板、新聞紙、ローラー、バット

技法　一版多色版画

授業の流れ

導入　30〜45分
- 児童の活動：彫り進み木版、一版多色木版の表し方について教科書を参考にして理解する。版に表してみたいことを考え、下絵をかく。
- 教師の言葉：「気付いたことや伝えたいこと、想像したことなどをスケッチしておこう。版画に表したい内容を考え下絵をかいていこう。」

展開　135〜300分
- 児童の活動：色を付けたい場所や色を付ける順番を考えながら彫る。効果的な色の組合せを考えて刷る。
- 教師の言葉：「彫り方や使う彫刻刀も考えながら彫っていこう。彫ったところは色が付かないところだよ。版木に色を置いて刷っていこう。色の感じを確かめて、水の濃さや色の置き方を工夫しよう。」

振り返り　15分
- 児童の活動：できた作品を友だちと見せ合う。
- 教師の言葉：「彫りのあとや色の使い方はどのように生かされているかな。工夫したところを友だちと話し合おう。」

『平成27年度版 図画工作 5・6上 教師用指導書 指導解説編』P.102参照

視点を変えて　正方形の版木による彫り進み木版を試みました（右図）。見当紙の両側に刷り紙をテープで止めて、片方は普通の彫り進み木版画、もう片方は、2版目、3版目をあえて「回転」させて刷ってみました。前者は彫り進み特有の引き締まった美しさ、後者は偶然により思いもよらぬ形や色彩が現れました。

PART 2 高学年における平面的造形活動場面　版画的内容

材料

版画の材料

身近な材料の中から版画に使用できそうなものを見付けましょう。木片や発泡スチロール、ボトルのキャップなどに絵の具を付ければ、スタンピングができます。片面段ボールやエアーキャップ、毛糸などを台紙に貼ればコラグラフができます。児童や教師が集めた材料を溜めておく「材料バンク」の設置も有効です。

材料の特徴

刷り紙・版画紙

和紙などの版画専用紙や画用紙に刷るのが普通だが、色画用紙などいろいろな紙を試すのも面白い。

版木（シナベニヤ）

シナの合板。柔らかく彫りやすい。合板なので反りが少ない。他の版木として、桂、桜、朴などがある。

版画インク

後片付けを含め、水溶性のものが便利である。混色や重色ができ、乾燥も早い。

スチレンボード

高密度の発泡スチロールボード。柔らかく、鉛筆でかくだけでへこみ、手軽に凸版を楽しめる。

墨汁

木版画で、彫ったところを分かりやすくするために、水で薄めて刷毛を使って版木に塗る。また、下がきの際、線の太さが自由にかけるので便利。

エアーキャップ

台紙に貼って、ローラーで色を付け、バレンで刷ると面白い模様が現れる。

木の葉

生の葉は、乾燥して丸まるので、しっかり端までボンドを付けて貼る。落ち葉を拾い、押しをしておくのもよい。

毛糸

台紙に貼り、刷ると柔らかな表情が現れる。毛糸がインクを含むと滲むので、ニスやボンドで固めるとよい。

木工用ボンド

酢酸ビニル樹脂エマルジョン系接着剤。木や紙の接着の他、版の上に盛り上げて、凹凸をつくることができる。

用具の特徴

彫刻刀

丸刀、三角刀、平刀、切り出し刀の特徴を生かすことが大切。刀を立てると深く、寝かせると浅く彫れる。

バット（練り板）

ローラーにインクを均一に付けるための容器。おぼん、アクリル板、ペーパーパレットなどで代用できる。

作業板

版木が安定するので、安全で、かつスムーズに作業が進む。机の縁に引っ掛けて使用する。

ローラー

中型（19cm程度）、大型（24cm程度）が、児童には使いやすい。硬質、軟質のものがある。

バレン

版の上にのせた紙を擦り、転写する。竹皮製が多いが、プラスチック製は点状の突起により、圧を加えやすい。

トレーシングペーパー
下絵の上に置き、透かして複写する。版木に写す際は、間に「カーボン紙」を挟み、鉛筆でなぞるか、裏返してこする。

▶ 彫刻刀を使う

各種の刀の特徴を生かすことは大切だが、使う前に安全指導を徹底する必要がある。決して刀の前に手を置かないように指導する。片方の手の人差し指と中指で刃の付け根を押さえるようにし、必ず両手で彫るのがよい。

丸刀
太い直線、曲線、点などを表せる。大きさの異なる丸刀があるので工夫して使うとよい。

三角刀
細い直線、曲線を、鋭く表すことができる。

平刀
広い範囲を「さらう」のに便利。平らな面を上にして使用する。

切り出し刀
細かい部分を彫ったり、輪郭に切り込みを入れたりする。

▶ 複合的な技法

工夫次第で版画表現の可能性は広がる。低学年のローラー遊びは凸版だが、途中、型紙を使えば孔版（ステンシル）がミックスされる。また、紙版画は通常凸版だが、ラッカースプレーで版をコーティングすれば、凹版として刷ることができる。例えば黒のインクを詰めて拭き取り、ローラーで赤のインクをのせれば、「凹凸版刷り」ができる。

> **指導のツボ**　ローラーの正しい使い方をぜひ身に付けましょう。バットの片側にインクを出し、ローラーを前後に動かして均一に伸ばします。その際、手前に戻すときは、ローラーを「空中で」戻しましょう。版に一度インクを付けたら、バットに戻してインクを付け直し、版の縦方向、横方向にインクを付け、均一になるようにします。敷いた新聞紙に少しはみ出すぐらいに付けると版の端までインクが付きます。インクが多すぎると、凹部までインクが入り込んで彫り跡がつぶれてしまい、少なすぎるとかすれてしまいます。教師自ら体感し、適量をつかむことが大切です。

用具と技法

版画について

古代の洞窟壁画には、動物などを「かき表した」ものの他、手形などの「版で表した」ものが多く見付かっていることからも、両者はもっとも原初的な表現方法といえるでしょう。また、「手形」の中には、手に絵の具のようなものを付けてスタンピングしたものと、壁に手を置いて、上から絵の具のようなものを口に含んで吹き付けたものが残っています（版形式でいえば、凸版と孔版）。版による表現は、このような素朴な方法から、だれもが経験したことのある木版画、現代の高度な印刷技術に至るまで多岐にわたります。版画は、大きく分けると四つの「版形式」（凸版、凹版、平版、孔版）で捉えることができますが、ここでは、小学校の題材として扱いやすい凸版を中心に解説します。

▷ 凸版

版の凸部分に絵の具（インク）を付けて刷る。

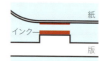

凸版の仕組み

● 木版画

板目木版と小口木版があるが、小学校では板目木版が主である。版づくりや刷りの違いにより、一版単色、一版多色、多版多色に分類できる。

● コラグラフ

厚紙などに、凹凸の面白い平面的な材料（木の葉、布、寒冷紗、エアーキャップ、片面段ボールなど）を木工用ボンドで貼る。版の補強とインクの吸い込みを防止のため全体にニスを塗るとよい。ローラーでインクを付け、画用紙などをのせ、バレンで刷り取る。

● スチレン版画

スチレンボードに鉛筆や粘土べらで強めにかき、溝を付ける。ローラーでインクを付け、バレンで刷り取る。さらに、彫り進み木版のように彫り足して、一色目とは違った色で刷るのも面白い。

● 紙版画

貼り重ねた紙の凹凸を写し取る。

実践例 詩を読んで紙版画をつくる

1 テーマを決める。
自分の内面に響く詩を見付ける。

2 スケッチをする。
詩のイメージをスケッチして、モチーフや大まかな構図を決める。

3 パーツをつくる。
画用紙をはさみで切ったり、手でちぎったりして、パーツをつくる。例えば、人間であれば、顔の輪郭の形をつくり、その上にのせる目、鼻、口、さらにその上の目玉、といった具合にパーツをつくる。

4 パーツを台紙に貼る。
木工用ボンドでパーツを台紙に貼る。台紙の上でパーツを動かしながら、もっともよい位置を決める。パーツが足りなければ、さらにつくる。レースなどの布や糸などを貼って、テクスチャの変化を求めるのもよい。

5 ニスを塗る。
全体にニスを塗る。版の強度が増し、インクの染み込みが均一になる。

6 刷る。
ローラーにインクを付けて、刷り紙をのせ、バレンで刷る。

▷ 凹版

版の凹部にインクを詰め、プレス機で圧をかけて刷り取る。

銅板やセルロイド板に、直接、ニードルで線刻するのがドライポイント。版にささくれができて、刷り上がった線は変化に富み、独特の表情をもつ。また、エッチングは、銅や亜鉛の金属板の表面をグランドで覆い、ニードルで線刻、その後、酸で腐食させ、版にくぼみをつくる方法。

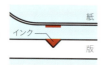

凹版の仕組み
凹版の例
● ドライポイント
● エッチング

▷ 平版

平らな面にインクの付いた場所と付かない場所をつくり、刷り取る。

代表的なリトグラフ（石版画）は、平らな板の上で水と油の反発作用を利用して刷る方法。クレヨンや溶き墨など、油性の高いもので版にかき、製版過程で親油性と親水性の部分をつくり、かいた部分にだけ油性インクを付け、プレス機で刷る。

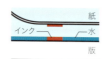

平版の仕組み
凹版の例
● リトグラフ
● デカルコマニー
● マーブリング

▷ 孔版

インクが通り抜ける穴をつくり、上から刷り込む。

シルクスクリーンは、木やアルミの枠に絹やナイロンなどのスクリーンを張り、製版後、スキージーを用いて刷る方法。描画法、カッティング法、写真製版法などにより、インクを通す部分と、目止めされインクを通さない部分をつくる。ステンシルは、小学校でも扱いやすい。型紙をつくり、刷り紙の上に置き、タンポ、スポンジ、ローラーなどで絵の具を付ける。同じ形を移動したり、色を変えたりして楽しい活動ができる。

孔版の仕組み
孔版の例
● シルクスクリーン
● ステンシル

指導のツボ 版の上から刷り紙をのせる際、版よりも刷り紙の方が大きいので、中央に刷ることが難しくなります。また、多色刷りの場合は、毎回同じ場所に合わせる必要があります。この問題の解決方法を三つ紹介します。①刷り紙と同じ大きさの台紙に版の形を鉛筆でかいた「見当紙」をつくる。②刷り紙の余白の幅に合わせた画用紙帯2本（またはL字型）を新聞紙の2辺に沿って置き、版を合わせてから画用紙帯を取り、新聞紙の2辺に合わせて刷り紙を置く。③版をうつぶせにして刷り紙の中央に置き、版と刷り紙がずれないよう両方の手のひらに挟むようにしてひっくり返す。自ら体験した上で、児童にとって適した方法を探ってみましょう。

表してみる〔実践〕

ワークシート 10 p.107～108

レポート課題

木版裏彩色でつくる
いろいろ植物

学習目標のキーワード　木版画、彫刻刀、版画の魅力　凸版、裏彩色、植物の形

花や様々な植物は、多くの画家のモチーフとして親しまれてきました。身近で入手しやすく、形や色が実に多様です。ここでは「植物」に限定してテーマを決めます。版画は白と黒のバランスが大切です。スケッチに白黒の面積比を考えながら墨で原画をかきましょう。彫刻刀の効果を生かした木版画をつくり、裏彩色の技法を使って色彩を加えましょう。裏彩色をする際は、できるだけ専用の和紙を使うと、発色がよくなります。

製作の進め方

1　鉛筆でスケッチをする。
画用紙に版木をあてて枠をかき、枠の中に鉛筆でスケッチをする。

2　墨で白黒を分ける。
鉛筆のスケッチを生かしながら、筆に墨を付けて白黒をかき分けていく。

3　トレーシングペーパーに写す。
原画にトレーシングペーパーを重ね、マスキングテープで仮止めしてから、墨の輪郭を鉛筆でなぞり写す。

4　版木に写す。
トレーシングペーパーを鉛筆でなぞった線画を裏にして版木に重ね、マスキングテープで仮止めしてから、スプーンでこすり転写する。

5　彫刻刀で彫る。
切り出し刀で輪郭に沿って切り込みを入れ、白くしたい部分を丸刀、三角刀、平刀で彫る。

6　刷る。
ローラーでインク（小学校では水性が便利）を付ける。または刷毛や筆でのりを加えた水性絵の具を付ける。紙をのせバレンで刷る。中心から外に向かって隅々まで、回転させるように、かつ、ずれないようにバレンを動かす。

7　彩色する。
裏面から水彩絵の具で彩色する。薄く溶いた水彩絵の具を筆に含ませ、和紙ににじませるように彩色する。

課題イメージのヒント
色彩の木版画

日本では、江戸時代に多版多色刷りの浮世絵版画が流行しました。明治時代には、後に「自由画教育運動」を広げた山本鼎（かなえ）が「漁夫」などの木版画を発表しています。さらに変遷を経て、戦後になると、棟方志功（むなかたしこう）（1903～1975／青森県生まれ）が国際的にも注目され、「二菩薩釈迦十大弟子」などで、人間の情念や原始の呪術性を大画面にダイナミックに表現しました。また、清宮質文（せいみやなおふみ）（1917～1991）も木版多色刷りの可能性を追求しています。摺りに透明水彩を使い、色調を微妙に変えることで、詩情豊かな作品をつくりだしました。彫られた線や色の重なりといった版画だからこそできる表現を追求した作家といえるでしょう。

　　　　　　🔍 **調べてみよう**　棟方志功、清宮質文　など

PART 2 高学年における立体的造形活動場面 立体・工作

表したいことに応じて材料や用具を活用する

高学年の児童は自分なりに納得のいく活動ができたり、作品を完成させたりしたときなどに充実感を得る傾向が強くなってきます。材料を用い、用具を使う過程で、その効果や可能性を確かめ、これまでの造形活動で獲得した知識や技能を生かして表現方法などを工夫し、つくりだすことができるようになります。電動糸のこぎりなどの用具を使うことで、さらに技能を働かせた活動ができ、表現の可能性も広がっていきます。児童は様々な手掛かりを見付けて構想し、形や色、材料の特徴、構成の美しさなどの感じや用途などを考え、試作したり構造を確かめたりしながら表現します。安全への配慮をしながら児童が思い付いたことを進んで取り入れられるような柔軟な指導を心掛けていきましょう。

題材例 糸のこスイスイ

学習目標 電動糸のこぎりで切り出してできる様々な形を組み合わせて、立体に表す。

材料 ベニヤ板、紙やすり、ニス

用具 電動糸のこぎり、糸のこぎり刃、紙やすり、刷毛

技法 板を切る、つなぐ、電動糸のこぎりを使う

授業の流れ

導入 10〜20分
- 児童の活動：電動糸のこぎりで板を切る活動に興味をもつ。教科書を参考に電動糸のこぎりの扱い方を知る。
- 教師の言葉：「電動糸のこぎりを使って、板をいろいろな形に切ってみよう。どんな形ができるかな。」

展開 150〜220分
- 児童の活動：切った板材を試しながら、組合せを考える。どこに切り込みを入れると、面白い組合せになるかを考えながら、切り込みを入れて組み合わせていく。
- 教師の言葉：「いろいろな形ができたね。どんなふうに組み合わせると面白い形ができるかな。切り込みを入れて、組み合わせてみよう。」

振り返り 20〜30分
- 児童の活動：できたものを友だちと一緒に見合い、切った形や組み合わせた形の面白さについて話し合う。
- 教師の言葉：「一つの方向からだけでなく、いろいろな方向から見て組み合わせた形の面白いところを見付けてみよう。」

『平成27年度版 図画工作 5・6上 教師用指導書 指導解説編』P.28参照

視点を変えて

木の材料には板材や角材などの一般に販売されている規格材だけではなく、建築材の廃材などもあります。右の写真は溝のある角材（窓枠や鴨居など）のくぼみでできた形を動物の耳に見立てて頭に使っています。もともと材料がもっている形からイメージを見付け、造形表現につなげていく活動も、児童の創造性が発揮される場面です。いろいろな形の材料を準備して児童の意欲につなげていきましょう。

材料

木

木には丸太から製材したままのものと、接着などの加工が施されたものがあります。後者は薄くスライスして貼り合わせたもの、数枚の板や角材を横方向に貼り合わせたもの、細かいチップを接着剤で固めたものなどです。木目の方向による強度や加工性の違いも活動を通して体験できます。

材料の特徴

合板・ベニヤ板

薄くスライスした奇数枚の板を直交させて貼り合わせたもの。無垢材に比べ、くるいが出にくい。

無垢材

丸太から製材し、板材にしたもの。乾燥で反りや割れも生じるが、木の素材感が感じられる。

集成材

数枚の板や角材を横方向に貼り合わせたもの。木の素材感を残しつつゆがみの少ない材料ができる。

角材・丸棒材

木を四角や丸に製材したもの。角材は建築材として流通している垂木が安価で手に入れやすい。

木端

製材後の端材。教材として販売されているものもある。不定形の形が造形の発想を膨らませる。

バルサ材

軽く加工性のよい天然木。ブロック状のものは、水に浮かべる舟などの工作にも活用できる。

▷ **固定する**
材料を加工するときは木工万力やクランプに挟むと安定し作業がしやすい。また怪我の防止にもなる。

木工万力　　　クランプ

▷ **削る・仕上げる**
細かい切削には木工やすりやドレッサーを使い、表面の仕上げには紙やすりを使う。

ドレッサー　　　紙やすり

▷ **板目と柾目について**
板材は丸太からの製材の向きによって板目と柾目に分類される。
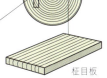

板目板　　柾目板

指導のツボ　木の素材は建築材としての種類が豊富で、加工が施されたものが多くあります。MDFのように加工の度合いが大きいほど均質性が高くなり、ゆがみや割れは起こりにくくなりますが、その分自然材としての風合いは失われていきます。題材によって使い分けることが必要ですが、木の特性を多く残したものの方が自然物としての素材感を味わえる活動につながるでしょう。

材料

針金

アルミや鉄、ステンレスなどの金属を棒状に伸ばしたものです。材質によって硬さや強度が変わります。線的な造形の他に、巻き付けて塊状にすることで塑造的な表現もできる材料です。切り口が鋭くなり怪我の危険もあるので、先端は必ず曲げるよう伝えるなどして安全に配慮することも大切です。

材料の特徴

アルミ針金

アルミニウムを原料とした加工性のよい針金。染色が施された鮮やかな色のものもある。柔らかいので彫刻の芯材としては適さない場合もある。

鉄針金・ステンレス針金

鉄を原料とした針金。アルミに比べ硬いので、芯材としても使える。太いものは加工に力が必要。ビニル皮膜を施したものやステンレス製は錆びにくい。

モール

細い針金に化学繊維をねじ込んだもの。手触りもよく、色が鮮やかで柔らかいので低学年でもそのまま造形要素として使うことができる。

▷ **針金で骨組みをつくる**
粘土で立体をつくる際、芯材として針金で骨組みをつくる。粘土の付きをよくするため麻縄やシュロ縄などを巻くとよい。

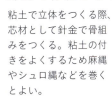

指導のツボ　針金は材質と太さによって加工性が大きく変わるので目的によって使い分ける必要があります。芯材に使う場合には硬い鉄製のものが適しており、巻き付けながらそのまま形をつくる題材の場合には柔らかいアルミ製がよいでしょう。同じアルミ針金でも骨格には太いものを使い、巻き付けに細いものを使うなど場所によって使い分けることもできます。

用具と技法

木の加工　無垢材は木目の方向によって、加工性が大きく変わります。特に手引きのこぎりで木目に平行して切る場合は木目の方向に流されやすいので、加える力の方向を調整しながら切るとよいでしょう。電動糸のこぎりもカーブの途中で抵抗が変わったりするので、進行方向に力を加えすぎないことが大切です。

用具の特徴

のこぎり

上が万能のこぎり、下が両刃のこぎりという。日本ののこぎりは引くときに切れる。材料はクランプで挟んだり足で押さえたりして固定し、体の正面で、両手で持って引く。刃の長さ全体を使うように大きく、ゆっくり引くと効率よく切ることができる。

電動糸のこぎり

電動で動く糸のこぎり。アームの奥行きのことを「ふところ」といい、長さによって加工できる板材の大きさが変わる。

▷ 電動糸のこぎりで切る

一般的な電動糸のこぎりの各部の名称。

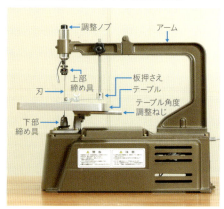

使い方
板を両手でテーブル方向に押さえ刃がねじれないように、進むスピードと方向を調整しながら切る。刃の交換は電源を切りコンセントを抜いて行う。

電動糸のこぎりの刃

- 大あさり（木工、金工、プラスチックなど万能）
- 飛び目（木工用）
- 二ツ目（合板・段ボール用）

刃の向き

取り付けは下から行う

▷ のこぎりで木を切る

万能のこぎりは木目の向きに関係なく切れる。両刃のこぎりは、木目に対して直交して切る場合（図A）は横びきを使い、平行して切る場合（図B）は縦びきを使う。

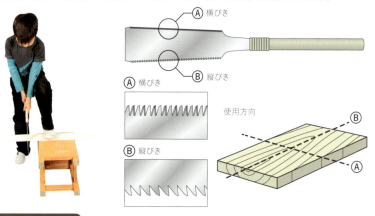

用具と技法

針金の加工　針金を曲げるときにはペンチやラジオペンチを使います。切断にはペンチやラジオペンチも使えますが曲げた後の細かい部分を切りたい場合にはニッパーを使うとよいでしょう。鉄製の太い針金（番線）などはより大きなワイヤーカッターが必要になることもあります。

用具の特徴

ペンチ

針金を曲げたり切ったりするときに使う。先が平らなので硬い針金を挟んでも滑りにくい。根元で切ることもできる。

ラジオペンチ

先が細くなっているペンチ。針金を輪にするなどの細かい加工ができる。力が掛かりにくいので硬い針金は曲げにくい。

ニッパー

針金やワイヤーを切る用具。刃が鋭く先端に付いているので作品の奥まったところも切りやすい。

▷ 針金を切る

針金を切ると反発力で弾かれたり、切り端が飛んだりするので周りに人がいないか、どちらの方向に飛びそうかなどを考え、事故がないように気を付ける。箱の中で切ってもよい。

▷ 針金を曲げる

大きく曲げるときにはペンチを使い、細かく曲げるときにはラジオペンチを使う。針金を持つときは滑り止めの付いた軍手などの手袋をするとよい。

指導のツボ　木を切ったり、針金を曲げたりする活動では、体の使い方も重要です。同じ力をかけても材料に対する体の向き、刃の角度や挟む場所によって切れる場合と切れない場合があります。児童は用具の使い方も試行錯誤しながら工夫して学んでいきます。安全に配慮し基本的な使い方を指導した上で、うまくできないときに考える機会を与え、自分で解決する体験をすることも大切です。

表してみる〔実践〕

ワークシート 11 p.109〜110

レポート課題1　くねくね糸のこパズル

学習目標のキーワード：工作、電動糸のこぎり、用具、材料、形、組合せ、安全

▷ **テーマを決める**

動物や植物などテーマを決めて発想を広げてみよう。

▷ **形の組合せ**

隣り合うパーツ同士の組合せを工夫してみよう。

製作の進め方

1. **アイデアスケッチをする。**
   アイデアスケッチを五つ以上かいてみる。たくさんかくことで思いもよらぬ新鮮な発想が生まれる。色鉛筆などで、色彩も考える。

2. **板に下絵をかく。**
   鉛筆でかき、間違えたら消して、形を決定する。パズルとしての難易度も考え、どこを切るかを考える。

3. **電動糸のこの準備をする。**
   板に、きりまたはドリルで刃が入る大きさの穴をあけ、電動糸のこの刃をセットする。

4. **板を切る。**
   板をしっかり押さえ、スイッチを入れ、線に沿って切ってゆく。カーブのところは特にゆっくり切る。

5. **パーツの仕上げ。**
   パーツの出し入れがスムーズにできることを確認しながら、サンドペーパーで切り口を整える。枠板と同じ大きさの薄いラワンベニヤ板を、枠板の裏にボンドで貼り、乾いたらサンドペーパーをかける。

6. **色を塗る。**
   必要な部分に絵の具で彩色する。

レポート課題2　立ち上がれマイライン

学習目標のキーワード：立体、用具、曲げる、巻く、イメージ

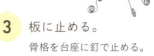

製作の進め方

1. **針金を触りながらイメージを膨らませる。**
   アルミ針金でできることを試しながら、つくるもののイメージをもつ。

2. **骨格をつくる。**
   骨格となる部分を太めの針金でつくる。

3. **板に止める。**
   骨格を台座に釘で止める。

4. **肉付けしていく。**
   台座に固定した骨格の周りに針金を巻いていく。

課題イメージのヒント　見えてくる形

アルチンボルドは花や果物などの形を組み合わせて顔をかいています。部分的には様々な形のものが組み合わされているだけにも関わらず、全体を見ると人の顔に見えてくる不思議な作品です。また歌川国芳は人の姿を集めて顔の形にする「寄せ絵」と呼ばれる浮世絵をかいています。絵からイメージを受け取るだけではなく鑑賞者が解読していく面白さが詰まっているともいえるでしょう。文化や時代が異なってもこのようなユーモアを交えた表現が現れてくるのは、形から何かを見付けようとする豊かな想像力がなし得るわざかもしれません。

🔍 調べてみよう　アルチンボルド、歌川国芳 など

PART 2　高学年における立体的造形活動場面　立体・工作

PART 2 高学年における情報機器を活用した造形活動場面

コンピュータ、カメラなどの情報機器を利用する

児童の日常にはパソコンやスマートフォン、タブレット端末などの情報機器が身近にあります。学校においてもプログラミング学習などの活動を通してそれらに慣れ親しんでいる児童もいるでしょう。コンピュータを利用した活動は、何度でもやり直したり、色を変えたりできるなど、様々に試しながら表現の可能性を広げていけることが特長の一つです。図画工作科では表現や鑑賞の活動で使う用具の一つとしてコンピュータやカメラなどの情報機器を扱う上で、「必要性を十分に検討して利用すること」としています。情報機器を使うことを目的とするのではなく、あくまでも表現や鑑賞のための手段として有効に活用し、児童が表したいことの実現に結び付けていけるように題材を工夫しましょう。

題材例　コマコマアニメーション

学習目標　動きが連続して見えるアニメーションの仕組みを生かして、楽しい作品をつくる。

材料　画用紙、色画用紙、厚紙、わりピンなど

用具　デジタルカメラ、パソコン、はさみ、のり、サインペンなど

技法　コマ撮りアニメーション、ストップモーションアニメーション

授業の流れ

導入 15～30分	児童の活動	教科書やデジタル教科書にある作品例を見てアニメーションの仕組みを知り、活動に関心をもつ。
	教師の言葉	「動きが連続して見える仕組みを使って、楽しい作品をつくろう。」
展開 45～105分	児童の活動	動かしたいキャラクターをつくり、動きなどを考える。キャラクターの動きを少しずつ変えたものを撮影して、アニメーションをつくる。
	教師の言葉	「どんな動きや変化があると楽しいかな。表したい動きになるように、キャラクターの動かし方を工夫しよう。」
振り返り 30～45分	児童の活動	つくったアニメーションを友だちと見せ合い、形の変化や表し方のよさについて話し合う。
	教師の言葉	「お互いの作品の、動きのよさや、作品の楽しさについて話し合おう。」

『平成27年度版 図画工作 5・6上 教師用指導書 指導解説編』P.36参照

視点を変えて　情報機器は児童が使用する他に、教師が授業の中で使うこともあります。児童が使う場合と教師が使う場合では目的が異なりますが、教師が使用する場合でも「必要性を十分に検討する」ことが大切です。例えば、全ての説明を液晶ディスプレイに映すのではなく、まずは実物を提示し、分かりやすく情報を伝えるための手段として情報機器を組み合わせて使うといった活用が考えられます。

PART 2　高学年における情報機器を活用した造形活動場面

用具と技法

写真でつくる

写真を撮るという行為は、児童にとって特別なものではないかもしれません。しかし簡単に写真を撮ることができる分、安易にシャッターを押していることも多いのではないでしょうか。絵や立体、工作と同じように目的をもって「どのように撮る（つくる）と自分の思いが伝わるか」を問いながら活動を進めることで児童が主体的に考え、写真を表現の手法として使っていけるようになるでしょう。

▷ **写真を撮る**

現在はデジタルカメラが被写体を判断し、絞りやシャッタースピード、ピントなどを自動で設定してきれいな写真を撮ることができるが、「何を」「どのように」表現したいかを考え写真を撮る態度を大切にしたい。

● 構図
被写体を画面の中のどの位置にどれくらいの大きさで入れるかを考える。

● アングル
どの位置（高さ・向き）から写すかを考える。

● 光の向き・明るさ
太陽の位置や窓の位置、写したときの明るさを考える。

▷ **技法を組み合わせてつくる**

写真とコラージュを組み合わせた技法をフォトコラージュと呼ぶ。プリントした写真をはさみで切り抜いて貼り重ねたり、組み合わせたりする。パソコンに画像データを取り込んでソフトウェア上で加工する方法もある。

▷ **機器の取扱い**

用具を大切に扱うことは図画工作の活動全般において大切だが、デジタルカメラなどの精密機器は特に丁寧な取扱いが必要である。ストラップを使用してカメラの落下を防ぐなど具体的な指導を重ねて、普段から用具を丁寧に扱う態度を養うようにする。

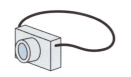

▷ **鑑賞の方法**

写真を撮影した後の鑑賞方法を工夫する。紙にプリントしたりプロジェクタで投影したりするなど鑑賞方法の違いで作品の印象が大きく変わる。

● 写真をプリントする
インクジェットプリンタなどを使用して紙にプリントする方法は、身近でありながらものとして写真を手にする実感をもてることが魅力である。

● 液晶ディスプレイに映す
大きく鮮やかな画面で見ることができるので、クラス全体で鑑賞する場面に適している。校内の玄関ホールや図書室など、他の学年も含めた鑑賞の場も考えられるだろう。

● プロジェクタで映す
教室の他、体育館などより大きな場所での鑑賞にも使うことができる。スクリーンだけでなく白い壁面に映してもよい。

用具と技法

動画でつくる

動画は静止画を連続再生したときの人間の目の残像現象を利用しています。テレビの映像は1秒間に30枚ほどの静止画を連続再生することでできています。図画工作ではアニメーションをつくるような題材が考えられますが、児童が演じるショートムービーや他教科と連携したドキュメンタリー映像の製作なども情報機器を活用した表現の可能性として考えることができます。

▷ **動画を撮る**

動画は実写で動きをそのまま記録するものとアニメーションのようにコマ撮りをした写真をつなげるものに分けることができる。実写の場合には発想をそのまま動きにする直感的な製作ができるが、何をどのように撮影するかといった目的がはっきりしていないと見る人にメッセージが伝わりにくいものになる可能性もある。絵コンテなどを準備して構想を練ってから撮影にのぞむとよい。

● 絵コンテ
撮影計画をまとめたスケッチ。場面を分け、カメラの動きを決めておく。

▷ **アニメーションをつくる**

アニメーションは絵をかくだけではなく、直接ものを動かしたり可動するキャラクターを撮影したりすることでもできる。1コマずつ撮影する「コマ撮り」をする際には以下のような点に注意するとよい。

● カメラの位置を固定する
1コマごとにカメラの位置が変わると映像がぶれるので、台の上に置いたり、三脚に固定したりして位置を決める。

● 少しずつ動かす
アニメーションは残像現象を利用するので、1コマごとの動きが大きくなりすぎると動いているように見えなくなる。一つの動作を決めた上で少しずつ動かす。

▷ **アニメーションの種類**

アニメーションの種類は、素材が平面的なものと立体的なものに分けることができる。

【平面的素材のアニメーション】
● セルアニメーション
透明なフィルムシートに絵をかくもの。

● 切り絵アニメーション
キャラクターを切り抜いて背景の上で動かすもの。

【立体的素材のアニメーション】
● クレイアニメーション
粘土を材料としたモデルを動かしてつくるもの。

● ピクシレーション
人物などを実写で撮影してつくるもの。

指導のツボ

普段からアニメーションを見ることに慣れ親しんでいる児童は多いでしょう。アニメーションは観賞する立場だと、絵が動くことよりも展開される物語に関心が向けられるため、自分でつくる場合にも紙芝居的な場面転換を中心とした表現になりやすいものです。図画工作では「物語」よりも、どのような「動き」をつくりたいかに重点を置いて指導をしていくと、アニメーションの仕組みと魅力に気付くことができるでしょう。グループで協力して活動する場合には役割分担をするとともに、互いにアイデアを出し合いながら全員が製作に参加できる環境を整えることも大切です。

表してみる〔実践〕

ワークシート 12 p.111〜112

レポート課題1　コマどりアニメーション

学習目標のキーワード：動き、アニメーション、デジタルカメラ

撮影例

製作の進め方

1. **アイデアを考える。**
   ストーリーを考え、キャラクターの動きをワークシートにスケッチをする。
2. **クレイでキャラクターモデルをつくる。**
   固まりにくい粘土で立体をつくる。
3. **動かしながら撮影する。**
   キャラクターモデルを少しずつ動かしながらコマ撮りする。
4. **カメラのモニタで連続再生する。**
   カメラの再生ボタンを連続して押し、キャラクターの動きを見る。

レポート課題2　パラパラアニメーション

学習目標のキーワード：動き、アニメーション、形の変化

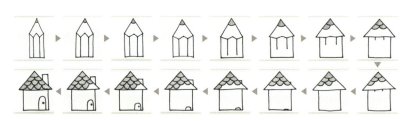

製作の進め方

1. **用紙を準備する。**
   ケント紙を切って、紙の束をつくり輪ゴムで束ねる。
2. **アイデアをまとめる。**
   動きを考えながらアイデアをまとめる。
3. **絵をかく。**
   ケント紙に少しずつ変化する絵をかく。
4. **鑑賞する。**
   ケント紙の束をめくりながら、動きを楽しむ。

課題イメージのヒント　思いを形にする

アニメーションの制作は大人数のスタッフで仕事を分担して制作することが一般的ですが、一人で大半の作業行い一つの作品をつくりあげる人もいます。フレデリック・バック（1924〜2013／フランス・カナダ）はジャン・ジオノの原作を基に色鉛筆やパステルで約2万枚におよぶ絵をかき、約30分間のアニメーション作品をつくりあげました。山村浩二も個人作業でアニメーションをつくる作家です。様々な技法を駆使しながら地道な作業を重ねて描き出される映像世界は、作品に対する強い思いと表現の独自性について考えさせられます。

調べてみよう　フレデリック・バック、山村浩二 など

ICT機器の活用

電子黒板やタブレット端末などのICT機器は図画工作科の授業において、教師が教材の提示など授業の中で活用する場合と、児童が造形表現活動で活用する場合があります。ここでは教育現場でICT機器を活用する場面を想定して、主に撮影に使用する機器と表示（鑑賞）に使用する機器の二つに分けてそれぞれについての基礎的な知識と扱い方について説明します。教育現場のICT環境を十分に把握し、授業においてより分かりやすく情報を伝える手段の一つとして効果的に活用できるよう準備をしておきましょう。

撮影・記録する

静止画・動画の撮影にはデジタルカメラやビデオカメラを使用します。現在ではほとんどのデジタルカメラに動画撮影機能が搭載されていますが、ビデオカメラはズームの倍率やピント合わせの速さなど動画に特化した長所もあるので場面によって使い分けるとよいでしょう。

用具の特徴

デジタルカメラ

CMOSやCCDといったイメージセンサーで光を捉え画像を記録する。動画を撮影できるものも多い。シンプルな機能のコンパクトデジタルカメラが使いやすいだろう。

ビデオカメラ

記録形式によってHDや4Kといった規格がある。より高精細な規格はデータ容量も増えるので再生機器の性能によって設定を使い分けるとよい。

スキャナー

画像をデジタルデータとして取り込む機材。紙にかいたものやプリントされた写真など反射原稿を取り込むものが一般的。フィルムなどの透過原稿を取り込めるものもある。

書画カメラ

リアルタイムに対象を映すことができる。平面だけでなく立体も映すことができるので、参考作品の提示や、用具を映して説明するなどの使い方もできる。

三脚

カメラを固定する用具。アニメーションなどの撮影をスムーズに行うことができる。

表示・鑑賞する

映像データの表示には液晶ディスプレイやプロジェクタを使用します。電子黒板は、よりインタラクティブな活用ができますが、投影式のものは、明るい教室で色の再現性が高くない場合もあるので、場面によって他の機器と組み合わせて活用するとよいでしょう。

用具の特徴

液晶ディスプレイ

明るい教室でも鮮明な映像を見ることができる。大きなものは重く移動が困難。パソコンなどとの接続方法を確認しておくとよい。

プロジェクタ

映像データを投影する機器。スクリーンや白い壁などを使用して比較的容易に大画面が得られるが、視聴の際には室内を暗くする必要がある。

スクリーン

教室の固定されたものの他に折りたたみ式のスタンドが付いた移動式のものもある。プロジェクタとの距離で投影する映像の大きさを調節できる。

タブレット端末

写真や動画の撮影、再生を行うことができる。インターネットを通じて情報を集めたり、プログラミング学習と連携した活用も考えられるだろう。

プリンタ

撮影したデータを紙に出力するもの。インクジェットやレーザーなどの印字方式がある。光沢紙やマット紙など、使う用紙によって印字品質が異なる。

パソコン

記録された写真や動画のデータを保存・再生する。パソコンの処理能力や再生ソフトによっては高画質の動画が再生困難な場合もあるので確認しておくとよい。

▷ **電子黒板の活用**

電子黒板は映像表示の他、専用のペンで書き込んだり、パソコンやスキャナーと連動させて書いた内容を保存・再生したりできる。表示した作品と共に児童の発表を記入・保存し、後で再生することができるものもある。

▷ **機器の接続**

パソコンなどの再生機器と液晶ディスプレイなどの表示機器の接続は、現在はHDMIが一般的だが、今後はワイヤレスでの接続も普及していくだろう。学校によって様々な設備環境が考えられるので、授業の前に実際に接続・再生して確認しておくことが必要である。

HDMI端子

▷ **撮影データの移動・保存**

現在のデジタルカメラやビデオカメラの記録メディアはメモリーカードが一般的だが、学校現場ではセキュリティ上の観点からSDカードやUSBメモリ等の使用が制限されている場合もある。データに個人情報が含まれる場合には、扱いに十分注意する。

PART 3　鑑賞活動

鑑賞の広がりと深まり

　美術作品を見ることを「鑑賞」というが、「観賞」という言葉もある。観賞は、名月や盆栽、熱帯魚などの自然物を観ることで、芸術作品を味わう鑑賞とは異なるが、いずれも、見ることを楽しむという点で共通する。ただ、「鑑」には「鏡（かがみ）」という意味もあり、「あの人は人間の鏡だ」というように、規範となるものを指すこともある。

　小学生は知識も経験も少ない子どもなので、大人がつくった美術作品を鑑賞するのは難しいのではないかという考え方もある。しかし、子どもは、野の花を摘んだり星空を眺めたりして、身の回りにある形や色の面白さに気付き、美しさに見とれたり驚いたりする。そうした多様な形や色を発見しイメージをもつ能力は、美術作品の鑑賞にも生かされてくる。自然の中での体験が、また、美術作品を見たときの豊かな反応や楽しみにつながっていく。そうした、自然体験や生活経験、家庭環境などが異なれば、同じ作品を見ても、その反応は、人によって異なるところに鑑賞の多様性がある。学習指導要領では、自然や芸術作品という一つの規範を賞味するという意味で広く鑑賞活動という用語が使われているようだ。

　パーソンズは、作品鑑賞における反応の個人的な違いをタイプ別に分類（表1）している。[1]

●表1　絵画作品を見ての反応のタイプ（パーソンズによる）

	トピック	美的体験（反応）の概要
1	特にない	自己中心的な好き嫌いや連想の物語をする。
2	主題	「本物のように上手に描けているか」、「美しい人が美しく描かれているか」など、絵には主題があることに気付くが、それが写実的か、きれいに描かれているかにとどまる。
3	内面の表出	作品に何が描かれているだけでなく、「さみしそう」とか「楽しそう」など内面的な気持ちや感情が表出（express）されていること、色や形には直接的には感覚することができないが何かの意味があることに気付く。
4	様式と形式	作品の文化的な背景となる伝統的な様式（スタイル）や遠近法などの形式という美術の世界の約束事を分析的に見ることができ、造形的な原理の普遍性に注目する。
5	判断・評価	他人の意見にとらわれず自分自身で作品について価値判断を行うが、その判断が美などの普遍的な価値と結びつき広く共有されると、最終的な段階となる。（美術の専門家の自律的な判断）

　この分類は、年齢と一定の相関はあるが、発達「段階」ではない。熟年者でも、1〜2の反応しか示さない人もいるし、若くても美術の研鑽を積んだ人であれば、4〜5の反応をする人もいる。小学生の場合は、多くは、1〜3のタイプと推察される。ただ、「もう一度、子どもの眼になって世界を見てみたい」とあこがれる画家もいる。それは、子どもは、情緒的、感覚的、主観的であって、美とか真理などの価値基準に基づかなくても、既成の概念や知識、他人の言葉によって左右されない、一人一人の素直な実感による見方ができるからである。子どもの頃に見た作品の印象と大人になってから見た同じ作品の印象とが全く違って見える経験はだれにでもあろう。小学校の鑑賞活動でも、子ども独自の感じ方や見方を大切にしていく必要がある。

1)
●マイケル・パーソンズ（尾崎彰宏、加藤雅之　訳）『絵画の見方―美的経験の認知発達』法政大学出版、2015

学習指導要領における鑑賞学習と「評価の観点」

　学習指導要領の全体については、本書の18〜20頁を参照して確認してほしい。
　ここでは学習指導要領における〔共通事項〕と「鑑賞」領域の内容（表2）と、鑑賞に関する「評価の観点」（表3）を基に、鑑賞指導の方向性を確かめておこう。表2と表3を読んでみると、赤字で示したように、子どもの発達を想定したいくつかのキーワードが浮かんでくる。

●表2　学習指導要領での〔共通事項〕と「鑑賞」領域の内容

学年	低学年（第1〜2学年）	中学年（第3〜4学年）	高学年（第5〜6学年）
〔共通事項〕	ア　自分の感覚や行為を通して，形や色などに気付くこと。 イ　形や色などを基に，自分のイメージをもつこと。	ア　自分の感覚や行為を通して，形や色などの感じが分かること。 イ　形や色などの感じを基に，自分のイメージをもつこと。	ア　自分の感覚や行為を通して，形や色などの造形的な特徴を理解すること。 イ　形や色などの造形的な特徴を基に，自分のイメージをもつこと。
鑑賞（一）	ア　身の回りの作品などを鑑賞する活動を通して，自分たちの作品や身近な材料などの造形的な面白さや楽しさ，表したいこと，表し方などについて，感じ取ったり考えたりし，自分の見方や感じ方を広げること。	ア　身近にある作品などを鑑賞する活動を通して，自分たちの作品や身近な美術作品，製作の過程などの造形的なよさや面白さ，表したいこと，いろいろな表し方などについて，感じ取ったり考えたりし，自分の見方や感じ方を広げること。	ア　親しみのある作品などを鑑賞する活動を通して，自分たちの作品，我が国や諸外国の親しみのある美術作品，生活の中の造形などの造形的なよさや美しさ，表現の意図や特徴，表し方の変化などについて，感じ取ったり考えたりし，自分の見方や感じ方を深めること。

●表3　鑑賞領域に関係する「評価の観点」の学年別内容

観点	低学年（第1〜2学年）	中学年（第3〜4学年）	高学年（第5〜6学年）
知識・技能	・対象や事象を捉える造形的な視点について自分の感覚や行為を通して気付いている。	・対象や事象を捉える造形的な視点について自分の感覚や行為を通して分かっている。	・対象や事象を捉える造形的な視点について自分の感覚や行為を通して理解している。
思考・判断・表現	形や色などを基に，自分のイメージをもちながら，造形的な面白さや楽しさ，表したいこと，表し方などについて考えるとともに，楽しく発想や構想をしたり，身の回りの作品などから自分の見方や感じ方を広げたりしている。	形や色などの感じを基に，自分のイメージをもちながら，造形的なよさや面白さ，表したいこと，表し方などについて考えるとともに，豊かに発想や構想をしたり，身近にある作品などから自分の見方や感じ方を広げたりしている。	形や色などの造形的な特徴を基に，自分のイメージをもちながら，造形的なよさや美しさ，表したいこと，表し方などについて考えるとともに，創造的に発想や構想をしたり，親しみのある作品などから自分の見方や感じ方を深めたりしている。
主体的に学習に取り組む態度	つくりだす喜びを味わい楽しく表現したり鑑賞したりする学習活動に取り組もうとしている。	つくりだす喜びを味わい進んで表現したり鑑賞したりする学習活動に取り組もうとしている。	つくりだす喜びを味わい主体的に表現したり鑑賞したりする学習活動に取り組もうとしている。

理解し、イメージをもつ感性の働き

　〔共通事項〕は、表現にも鑑賞にも共通する図画工作科全体で育てる「資質・能力」を示している。〔共通事項〕の「ア」では、子どもが形や色を扱う美術活動において、自分で感じたり、つくったりした経験から、気付き・分かり・理解することが、「イ」では、子どもが身の回りや美術作品の形や色から、自分で思い付いたり想像したりしてイメージをもつことが示されている。「低・中・高」での発達の差はあるが、気付いたり理解したりして、イメージをもつことは、自然体験においても美術作品の鑑賞でも、環境と関わる感性の働きとしては共通している。

鑑賞で感じ取り考えることで育つ資質・能力

「鑑賞（1）」では、学年別に「何を鑑賞するか」、「何を感じ取り考えるか」、「その結果、期待される成果」という段階が設定されている。鑑賞において「感じ取り考える」ものは、造形的な「面白さ→楽しさ→よさ→美しさ」へと学年別に子どもの成長に合わせて焦点が移っていくが、「見方や感じ方を広げ→深める」という資質・能力を育てることに変わりはない。

低学年では、足下に落ちている石の形が人の顔のようで「面白いな」と感じたり、人物画（図1）を見ても「こんな帽子をかぶったら楽しいな」と思ったりする。さらに、学年が進むと「女の子の、かわいらしい感じがよく描かれている」とか「赤い帽子が目立つのは、背景に緑があるからだ」と分かり、「この絵の人物は作者の子どもかな。愛情をもって描いている」など、見方や理解も深まっていく。

図1　ルノワール『二人の姉妹（テラスにて）』1881、シカゴ美術館蔵

鑑賞学習の評価

評価は、三つの目標と対応する3観点を基に行われる。鑑賞の評価で特に注意するのは「知識」である。作品の題名とか作者の名前などの知識もときには必要であるが、図画工作科での「知識」は、子どもが自分の感覚や経験を通して身に付けた知識である。鑑賞でも自分自身の感覚や経験を通して、感じ取ったり発見したりした形や色、奥行きや動きなどの知識を重視して評価していく必要がある。

「思考・判断・表現」は、鑑賞でも発想や構想の能力が発揮されているかを評価する観点である。「この絵の中に入り込んだら、花の香りがたちこめているようだ」とか「なぜ、馬がバラバラになっているように描かれているのか」などと、感じたこと、見たことを学習カードに記入して発表し合う。それを手立てにして評価するのは、言語活動の充実という観点からも望ましい。

図2　美術館での作品鑑賞（愛知県美術館にて）

「主体的に学習に取り組む態度」は、作品を見ることに興味をもって、同じ作者の作品をもっと見たいと言ったり、図書館やネットで調べたりするなどの態度や行動を評価する。将来、小学校で美術鑑賞をした経験が基になって美術館に行ったり、作品を家に飾ったりして美術のある生活を楽しむ可能性までを見通して、この観点を適用できる。教育の短期的な効果ではなく、生涯学習の力となる基本的な態度を育むという視点も求められる評価といえる。

表現と鑑賞

学習指導要領では指導上の必要性から、表現と鑑賞の領域を分けているが、本来の美術活動では、表現と鑑賞とは、呼吸の吸う息と吐く息のように表裏一体である。作品を見て「いいなぁ」と感動し、「自分もやってみたい」と思う気持ちが表現意欲になる。作品の見方の深まりが自身の表現を振り返る眼力にもなることはプロの作家でも子どもでも違わない。学習指導要領でも表現と鑑賞との関連付けを示しているが、鑑賞は「指導の効果を高めるため必要がある場合には，児童や学校の実態に応じて，独立して行うようにすること」ともされる。地域の伝統や広く世界の美術文化を知り、伝統を見直したり異文化理解をうながしたりするなど、必ずしも表現と直結しない鑑賞の授業もありうる。授業の目標に応じて独立した鑑賞活動の場を設定することも必要である。

鑑賞指導の意義と事例

　子どもに鑑賞教育は必要か不要かという議論は、日本でも戦前からあった。小堺は当時の「画かせる事、即ち創作にのみ心を致して、鑑賞の指導はほとんど顧みられない」現状を批判して『図画の鑑賞教育』を提案した。[2] 今では、逆に「鑑賞重視で表現軽視」と言われるくらいに鑑賞教育について関心が高まっている。その背景には、義務教育での美術教育は、美術家をつくるための職業訓練ではなく、生涯を通して美術を愛好し生活を豊かにする市民をつくるためという理念が定着したこと、美術館での鑑賞や映像メディアの提供する作品画像を見る機会が飛躍的に増えたこと、そして、海外での鑑賞指導の具体的な事例が広く紹介されるようになったことなどが考えられる。

　そうした海外からの例として、ここでは、VTS（Visual Thinking Strategies）に代表される美術館での実践の事例と[3] 教育的美術批評という美術批評家の活動をモデルとした形で作品を分析・吟味していく事例、そして、日本の学校や美術館で広く実践されている作品カードを使ってゲーム的な手法を取り入れたアートゲームの事例を紹介していく。

VTSについて

　アメリカの美術教育には、形態（ゲシュタルト）心理学の立場から「見ること」は「考える」ことであるという「視覚的思考（Visual Thinking）」を重視する流れがあった。[4] その考え方と美術館でのギャラリートーク（実際の作品をグループで見ながら、それぞれが感じたことや考えたことを話し合う）とが結び付いた実践的な指導法の一つがVTSである。日本では「対話型」に分類されることもあるが、一対一で対峙する「ダイアローグ」ではなく、みんなで語り合うことで、互いに感じ方や見方を広げていこうというねらいがある。

教育的美術批評（Pedagogical Art Criticism）について

　1980年代のアメリカ合衆国では、学校教育における美術教育の正当性を説明するために、DBAE（Discipline-Based Art Education）理論が主張された。[5] 四つのディシプリンが示され、その一つが美術批評家による作品分析の活動をモデルにしたものである。それを基にして、四つの段階（記述→分析→批評→判断・評価）を設定して教育現場で実際に使えるような形にしたのが「教育的美術批評」である。1点の作品を、造形性の分析や美術史の知識など作品をめぐる情報を駆使して、じっくりと鑑賞する活動といえる。ここでは、作品を見ての第一印象を最初に加えて、五つの段階を設定した例を紹介する。

アートゲームについて

　アメリカでも、ミュージアムショップや書店で"ART GAME"というタイトルのグッズが売られているが、ゲームの多様性と美術館や教育現場への浸透など、日本の方が広く活用されている。[6] 作品をカードにした図版を用いる例がよく知られているが、アートゲームは、デジタルカメラやテレビモニタを使う例もある。今後は、トランプゲームのようにパソコンのゲームとしても展開していく可能性をもっている。

2）
- 小堺宇市『図画の鑑賞教育』三省堂、1930（昭和5）、p.8-9

3）
- アメリア・アレナス（福のり子 訳）『なぜ、これがアートなの？』淡交社、1998
- フィリップ・ヤノウィン（京都造形大学アート・コミュニケーション研究センター 訳）『どこからそう思う？　学力をのばす美術鑑賞ヴィジュアル・シンキング・ストラテジーズ』淡交社、2015

4）
- ルドルフ・アルンハイム（関 計夫 訳）『視覚的思考・創造心理学の世界』美術出版社、1974

5）ディシプリンは「学問」とか「規範」と訳されることがある。四つのディシプリンには、美術批評の他に、美術制作、美術史、美学がある。美術教育も他の教科と同様にその専門的な学問内容を学習することを主張したのが、DBAEである。
- ふじえみつる「DBAEは、何処から来て、如何なるもので、何処へ行くのか」『アートエデュケーション　18号』建帛社、1993、p.4〜13　5（2）

6）
- ふじえみつる「アートゲームと美術鑑賞学習」『アートエデュケーション　No.30』建帛社、p.5〜14

VTSの事例

葛飾北斎『冨嶽三十六景　神奈川沖浪裏』1831、木版画、26×36cm、メトロポリタン美術館蔵

● VTSの事例──北斎の作品を鑑賞する

　教室や美術館で、同じ作品（北斎）をみんなで見ながら感じたことや考えたことを語り合う。VTSの提唱者であるヤノウィン自身が、ファシリテータ（語り合いの仲介者のような役目）として実践した報告の一部をまとめたのが、次頁の記録である。紙幅の関係で、全体を要約し必要に応じて意訳しているが、情景はイメージされると思う。ヤノウィンは美術館の教育担当者である。ファシリテータの発言は、"F＋番号"の青字で示す。
(Philip Yenawine: Visual arts and student-centered discussions, *Theory into Practice*, 37（4）, Autumn 1998, 314-321)

■三つの発問　教師から子どもへの発問は、次の三つが基本となる。
　１．この絵（作品）の中では、何が起きていますか？
　２．この絵（作品）のどこからそう思いましたか？
　３．もっと他に何か見付けることができますか？

■ファシリテータとしての役割
　①「オープンエンドの発問」　イエスとかノーでは答えられない形にして、発想の広がりを促す。
　②「指さし」　作品の話題になっている部分を指でさすとかレーザーポイントなどで具体的に示す。
　③「言い換え」　必要に応じて子どもの発言を言い換えることで、その発言内容の確認と整理をする。
　④「話題を関連付ける（リンク）」　それぞれの発言内容を関連付けて話題を一定の方向に向ける。
　⑤「根拠を問う」　どうしてそう考えるかなど発言の具体的な根拠を説明するように求める。

● 課題

　三つの発問と五つの「ファシリテータの役割」を確認しながら、次頁の記録を読んで、どの発言が、発問の１〜３に、また、ファシリテータの役割の①〜⑤にあたるかを考えてみよう。次のような表を作成して、どのタイミングで、どのようなファシリテーションをしているかを個人、またはグループで検討しよう。

発問	発問	ファシリテータ
F 01	1	−
F 02	2	③　⑤

PART 3　鑑賞活動

F 01：いいかな。次の絵（北斎）を見よう。この絵の中で何が起きているかな？
トリオナ：嵐のようで波もあります。その波は、えーと、みんなその船を漕いでいるみたい。嵐が来て、波が船より高くなっています。
F 02：そうだね。トリオナは波の間に船を見付けた。その波は嵐が引き起こした大波だ。どうして、それが波だと知ったのかな？
多数：はい、先生。
スチュアート：潮が満ちてくるときの波です。
F 03：そう見えたのか、いいよ。ダーシーも？
ダーシー：映画の『自由なウィリー』みたい。シャチの物語で、……そうは見えないか……でも、船が半分こわれかけているみたい……すぐに海に落ちそうです。
F 04：前に見た絵の話をしているの？
ダーシー：違うよ、『自由なウィリー』だよ。
F 05：これが『自由なウィリー』？
ダーシー：はい、どうやって最初のクジラがやってきたか話しているところ……それはインディアン［先住民］の伝説で……人のようで遭難したか何かで……クジラのような水が船にどさっと来て……結局、その人は、う〜ん。
F 06：いいよ。映画とは別の話はあるかな。何を見付けたかな？
マーク：神様が殺すため、敵を殺すためにこの嵐を引き起こしたみたい。
F 07：そうか　何を見て、この嵐を起こしたのは神様だと思ったのかな？
マーク：黒い雲だからです。
F 08：なるほど。神様は暗くなった空からたたきつけているんだね。はい、ジェシー。
ジェシー：何か、その右の方にある船に、人が乗っているみたいで、みんなで戦争か何かしているみたい。
F 09：そうか、なんでそう言えるのかな？
ジェシー：分かりません。
F 10：ジェシーは船に乗っている人を見付けて、その人たちが戦争をしているんじゃないかと考えたけど、本当にそうかどうかはちょっと自信がないようだ。
リンゼイ：後ろの方にある船とか手前の船は、島から出て、何かお祭りのために、魚か何かをつかまえようとしているところだと思います。そこに大きな波がおそってきました。
F 11：そう、リンゼイは漁船だと考えたんだね。漁船がお祭りのために魚をとろうと出掛けたんだけど、嵐につかまってしまったと考えた。はい、エディ。
エディ：それらはカヌーのように見えます。たぶん、インディアンが、うーん、海を越えていくところ。水面から飛び出しているのはシャチのヒレのようにも見えます。
F 12：それは何かな？
エディ：大きな波のようでもあるし……シャチのヒレのように見えます。
F 13：分かった。それはどこにあるのかな？
エディ：右の上。違う、そこじゃない。その大きい方。それはシャチのヒレのようにもクジラのヒレのようにも見えます。それは底の方からジャンプして飛び出しています。
F 14：分かった。すると、この形は波ではなく飛び上がっているシャチのヒレの形ということだね。はい、ジェシカ。
ジェシカ：質問があります。そこの隅っこにあるのは何ですか？

F 15：よし、ジェシカ、これは何だと思う？　何か思い付くかな？
ジェシカ：中国語か、日本語で書いたもの。
F 16：で、シャリリンは中国語だと思う？　何を見て中国語だと考えた？
シャリリン：そう見えるからです。
F 17：そのまま、見たままということですね。
シャリリン：中国の人はそんなふうに書くから。
F 18：そうだね。はい、スチュアート、それかジョナサン。
スチュアート：2艘の船があると思うんですけど、いいですか。右の方の1艘は波のかぶさるところにありますが、それはバイキングの船のように見えます。バイキングはこんな長い船をもっているかなと思うからです。たぶん、漁に出掛けるところで船頭が酔っ払って波に突っ込んでしまった……。
F 19：そうか、操縦ミスか、だれかが判断を誤った……。この形がカヌーとかバイキングの船だという話だが。はい、ジョナサン、それからリサ。
ジョナサン：うーんと、ぼくは日本のレースだと思います。2艘の船があって、ハリケーンが来たのを知らずにスタートしようとしたけど、向こうにある小さな山に引き返そうとしているとこです。
F 20：そうか、日本だということはそこに書いてあるものから考えたんだね。それで、日本の船がレースをしようとしたけど嵐が来るのを知らなかったので、今は引き返して陸に上がろうとしている。はい、リサ。
リサ：南極で遭難したと思う。だから、みんな雪と氷です。
F 21：そう、雪が降っているように見える。すると南極のようにとても寒いところだね。トリオナは？
トリオナ：マークが、神様が敵をやっつけているところと言ったのを覚えていますか？　神様が敵をやっつけるとは思えません。神様は全ての人を愛しているからです。
F 22：敵を打ちのめすというのは神様のやるようなことではない。神様は全ての人を愛しているから決してそんなことはしないと、前に出た意見に対して、トリオナが思ったことです。はい、アンドリュー。
アンドリュー：それはレースのようで、大金がかかっています。他の船は引き返そうとしているのに、その1艘は、大きな波に向かって、ずっと先まで突き進みたいようです。
F 23：そう、アンドリューは、この男が大きな賞金のかかっているこのレースに勝つために覚悟を決めた、と言っています。また、彼は、これがレースではないかというジョナサンの指摘に同意しています。マーク、いいよ。
マーク：二つあります。一つはトリオナに同意できません。聖書には、神様が何人かの人たちをやっつけたという話があるからです。リサとも違います。それは海の白い波頭です。
リサ：そうよ。知ってる。波頭を見たこともあるけど、でも、そう見えるの……。
マーク：それが凍った水であるはずがないよ。
F 24：分かった。マークが言うのは、神様がある人たちを攻撃したこともないとは言えない、そう聖書にあったのを思い出したそうだ。だから、そう簡単にはトリオナには同意できない。で、彼はまた、これは凍っているのではなく白い波頭だと考える。だけど、リサは波も見たことがあるが、それが凍るほど寒いということもないとは言えない、雪のせいかもしれないと考えている。

75

教育的美術批評

エドヴァルト・ムンク『叫び』1893、油絵
91.7×73.5cm、オスロ国立美術館蔵

エドヴァルト・ムンク『叫び』1895、リトグラフ
35.3×25.3cm、シカゴ美術館蔵

　ムンクの『叫び』を鑑賞しよう。左は油絵で右はリトグラフ（石版画）である。小学生にこの作品図版を見せると「こわい」とか「きもい！」などと反応する。しばらくは、感じたことや感想を自由に発表させる。次に、目に見える形や色からその背後にある意味や作者の気持ちなどを推測し想像していくきっかけとなるような発問をして、教育的美術批評で提唱された、以下のような、**第一印象→記述→分析→解釈→判断・評価の五つのステップ**に沿って、子どもが1点の作品をじっくりと見て味わえるように導いていく。ファシリテータは解釈の際には象徴や作家の伝記などをあらかじめ調べておき、必要に応じて提示する。

1）第一印象（作品を見たときの最初の反応）「これって……？」「……な感じ」
2）記述　「何を見付けましたか？　何がありますか？」→作品の中に表された形や色、ものを見付けて発表する。
- 人物、建物、橋、船、海、山、川など
- 作品に特徴的な「造形要素」（波線、直線、円形、強調、オレンジと青など）を見付ける。
- 立体なら、できれば触ってみたり、作品の中の人物と同じポーズをしてみたりする。

3）分析　「どのようにして……していますか？」
- 「造形原理」（対称性、バランス、強調、動き、パターン、繰り返しのリズム、動きなど）を探す。
- 類似性と対照性（同じ形や線の繰り返し、暖色と寒色との対照、強調など）を探す。
- 構図と構成（平面作品は構図、立体なら構成、奥行き、遠近法、奥行き、バランスなど）を指摘する。

4）解釈　「どうして……でしょうか？」、「なぜ……でしょうか？」
- 記述・分析で確認したことを踏まえて、発想・構想し、自分なりに解釈する。
- 作品に関する情報（作品データや伝来）、美術史や様式等に関する知識を参照して解釈する。
- 作品で使われている、象徴（シンボル）や隠喩（メタファー）の意味を調べて解釈する。
  ＊例えば、「橋」は「相異なる世界をつなぐ」架け橋のシンボルとして使われてきたなど。

5）判断・評価　「この作品は、あなたにとって……ですか？」
- 作品を評価する規準（写真のような写実性、個性的な独創性など）を適用して、その価値を判断する。
- 自分だけの価値観から評価し理由を説明する。「この作品は好きです。なぜなら……だからです」

> ●課題
> 授業での子どもに対する発問の例を五つの段階別に想定した。これを参考にして、グループで一人が教師役になって、他のメンバーに、いくつかの項目を組み合わせて発問する形で模擬授業をしてみよう。教師役は交代して、また、違う項目を選んで発問していくようにする。教師役は、自分で発問を考えてもよい。発問への答えは、一致する場合もあるし、人によって違う場合もある。この事例では、記述段階で、油絵とリトグラフにおける色と形の表現の違いを比較してから油絵に限定してもよい。

1）第一印象 「この作品を見て下さい」（作者や題名は「解釈」で必要に応じて告げる）
2）記述
　①作品には何が表されていますか？（何が描かれていますか？）
　②この絵の中には、どんな形がありますか？
　③この絵の中には、どんな色がありますか？
　④この絵の中には、どんな線がありますか？
　⑤この絵はどんな材料で描かれていますか？
　⑥作中の人物はどんなポーズをとっていますか？
　⑦？
3）分析
　①どの部分を最初に見ましたか？ なぜ、そこを最初に見ましたか？
　②この絵で最初に目に入ってきたのはどんなところですか？
　③作品を見たときに一番印象的な色は何色ですか？ その理由は？
　④この絵の中に何か対照的なこと（明暗、補色、直線と曲線など）はありますか？
　⑤この人物はどこにいるのでしょうか？
　⑥この人物は男性、女性のどちらでしょうか？ なぜ、そう思いましたか？
　⑦作中の人物は、なぜそのようなポーズをとっていますか？（＊同じポーズをして考えよう）
　⑧作中の人物はどこを見ていますか？
　⑨この絵の中から、どんな音が聞こえてきますか？
　⑩空は赤くうねった線で描かれていますが、時間はいつ頃でしょうか？
　⑪この絵の大きさはどれくらいだと思いますか？（作品サイズを後で示す場合）
　⑫？
4）解釈
　①作品の中の風景は実際にある場所に見えますか？ 見える、見えない、その理由は？
　②なぜ、この人物は橋の上にいると思いますか？（「橋」の象徴性を参照してもよい）
　③中央の人物はどんな声を出していると思いますか？（＊自分で声を出してみよう）
　④この絵の中央の人物は、実際はどんな服装をしていますか？
　⑤中央の人物と他の人物とはどんな関係だと思いますか？
　⑥作中の人物は幸せそうに見えますか？ 見える、見えない、その理由は？
　⑦あなたはこの人物と友だちになりたいですか？ なりたい、なりたくない、その理由は？
　⑧この絵を描いた作者は、どんな人だと思いますか？（作家の伝記を参照してもよい）
　⑨この絵の「題名」を自分で付けるとしたら、何にしますか？
　⑩？
5）判断・評価
　①この絵の場所に行ってみたいですか？ 行きたい、行きたくない、その理由は？
　②作中の人物に会ったら、あなたは何と声をかけますか？
　③この絵をもらえるとしたらほしいですか？ ほしい、ほしくない、その理由は？
　④あなたはこの絵の人物のよう叫びたくなるときがありますか？ それはどんなとき？
　⑤この絵をだれかにプレゼントするとしたらだれにしますか？ その理由は？
　⑥絵の中の人物に会って（話して）みたいですか？ みたい、みたくない、その理由は？
　⑦この絵の作者に今の自分を描いてほしいですか？ ほしい、ほしくない、その理由は？
　⑧この絵はあなたをびっくりさせましたか？ させた、させない、その理由は？
　⑨この絵を自分の家に飾ってみたいですか？ みたい、みたくない、その理由は？
　⑩このような絵はだれでも描けると思いますか？
　⑪この絵が好きですか、嫌いですか？ 好き、嫌い、その理由は？
　⑫？

アートゲーム

「アートゲーム」には、作品図版をカード化したツールを使って、トランプのようにゲームを楽しみながら、美術に親しみ、作品の理解につなげるねらいがある。カードを使わない場合もあるが、ここではカードの事例のみを紹介する。カードセットは学校の教材としても広く活用されている。市販されているセットもある。

　　『国立美術館アートカード・セット』独立行政法人国立美術館　編集・発行、2011
　　ふじえみつる『アート de ゲーム』日本文教出版、2017（カード付き解説本）

●カードを使ったアートゲームの事例と課題

通常、アートゲームに使うカードは、少なくとも1セットに40枚以上が必要だが、ここでは次頁の絵画作品8点の図版をカードに見立てて、三つのゲームを紹介する。個人でもできるが、グループで互いに発表し合うと自分とは異なる他の人の感じ方や見方が分かって、自分の感じ方や見方を振り返ることができる。いくつかの課題（ゲーム）をしたら、自分だけのゲームを考えてグループに提案してみよう。

●ゲーム1「4コマ物語」

8枚のカードから4枚を選んでその作品をよく見ながら組み合わせて、4コマで物語をつくろう。作者名と作品の題名は見ずに、その作品から直感で思い付いたイメージを基に物語を考えよう。

例えば、番号8→6→2→3では、「8．ピクニック出かけてのんびりしていたら→6．急に嵐が来て→2．橋がこわれてしまい→3．向こう岸にある家に帰れなくなってしまった」など、最初は簡単な話から始めよう。

●ゲーム2「だれかが、どこかに」

8点のカード作品のうち、4枚には人物が、他の4枚は風景だけが描かれている。番号1の人物に合うのは、どの風景か選んで、その理由も言おう。同じように、番号4に合う風景は？　と続ける。

●ゲーム3「大きさ比べ」

カード図版にすると作品の実際の大きさが分からなくなる。8点の作品の実際の大きさ（ここでは縦の辺の長さ）を比べてみよう。一番、大きいのはどれ？　小さいのはどれ？　どうしてそう判断したのかの理由を言おう。後で、実際の大きさは、この頁下にある「掲載作品一覧」で確かめよう。

■自分でカードをつくろう

次頁の作品画像は全て、インターネット上でパブリックドメインとして公開された画像をダウンロードしたものである。パブリックドメインは「ダウンロードして自由に使ってもよい画像」という意味で、2019年5月現在で、アメリカのメトロポリタン美術館やシカゴ美術館、オランダのアムステルダム国立美術館、そして愛知県美術館が、所蔵作品の一部の画像をインターネット上で提供している。具体的なアクセスの方法については、月刊誌『教育美術』（教育美術振興会発行）、2019年1月号の「特集：授業に生かすインターネット」に具体的に説明されているので参考になる。

ダウンロードした画像をA4の写真用紙を4等分した大きさ（A6サイズ）でプリントするとカードができる。図版の使用にあたっては、作者名、作品題、制作年、そして所蔵先を明示するのが原則である。

■掲載作品一覧（大きさのミリ単位は四捨五入した）

	作者名	作品題	制作年	大きさ（cm）	所蔵先
1	ヨハネス・フェルメール	牛乳を注ぐ女	1660頃	46×41	アムステルダム国立美術館
2	尾形光琳	八橋図屏風	1709〜	179×372	メトロポリタン美術館
3	高橋由一	不忍池	1880頃	67×97	愛知県美術館
4	ギュスターブ・カイユボット	パリの街路：雨の日	1877	212×276	シカゴ美術館
5	クロード・モネ	睡蓮	1906	90×94	シカゴ美術館
6	ヴァン・ゴッホ	糸杉のある麦畑	1889	73×93	メトロポリタン美術館
7	グスタフ・クリムト	人生は戦いなり（黄金の騎士）	1903	100×100	愛知県美術館
8	ジョルジュ・スーラー	グランド・ジャット島の日曜日	1884-86	206×308	シカゴ美術館

PART 3 鑑賞活動

鑑賞活動

1

2

3

4

5
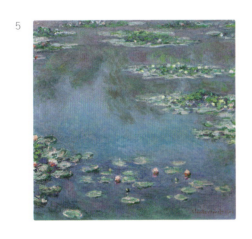

6

7

8
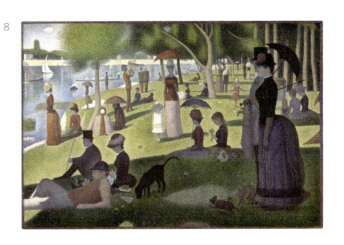

79

美術鑑賞の場の広がり

　日本では、1970年代から経済成長に伴い、文化事業への予算も増え、各地域に美術館や音楽ホールなどが建設された。また、公園や街路などの公共の場に彫刻などが設置される「パブリックアート」も増えた。[7] また、大都市では、トリエンナーレやビエンナーレ[8]などの名称で国際的な芸術祭が開かれ、多くの市民が身近に現代アートを鑑賞するようになった。一方、農山村や島などでも芸術祭が開かれ、全国からの観客を集め地域おこしの一環となっている。

　美術館、芸術祭やパブリックアートでは、実物の作品を鑑賞することができるが現場に行く必要がある。インターネット上に掲載されている作品画像なら実物ではないが、より多くの人々がアクセスできる。同じ複製でも印刷本にも劣らない高画質の作品画像も掲載され、細部も拡大して見ることができる。

　このように、子どもたちが美術作品を鑑賞できる場は、学校を超えて大きく広がっている。図画工作科での鑑賞学習は、作品を見る楽しさを味わわせ、作品の見方や感じ方を広げて、様々な場所での作品との出会いを意義あるものにすることが期待される。特に、学校と美術館との連携が注目される。北米では、その先駆的な事例が見られる。我が国のほとんどの美術館でも、学校との連携が美術館教育の主要な活動となっている。（図表1）

7）パブリックアートは、一般の人々が自由に見ることのできる公共の場（公園とか広場など）に展示されたアート作品のこと。図3では作品に腰掛けている。

図3　ロバート・インディアナ『LOVE』1970［ニューヨーク市］（撮影筆者）

8）トリエンナーレは3年に1回、ビエンナーレは2年に1回開かれる展覧会。大都市では、横浜や愛知、農山村では越後妻有（新潟県）などがある。

● 図表1　美術館の教育プログラム実施状況についてのアンケート結果

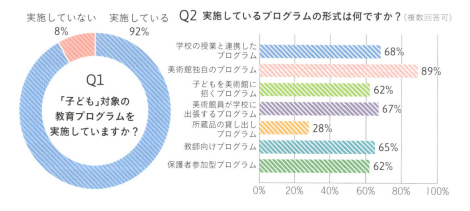

（『教育美術』教育美術振興会、2018年7月号）』を基に作成）

美術館との連携

　図画工作科の学習指導要領（平成29年告示）の「第3・内容の取扱い（8）」では、〈各学年の「B鑑賞」の指導に当たっては、児童や学校の実態に応じて、地域の美術館などを利用したり、連携を図ったりすること〉とされている。[9] 図表1のプログラムに見られるように、連携にも様々な形がある。

　多くの美術館には「教育普及」という担当部署があり、インターネットで「○○美術館　教育普及」で検索すればアクセスできる。その部署には教員経験者や教員が勤務していることもある。学校からは、まず、そこを窓口として担当者と相談していくことを推奨したい。

9）学習指導要領・解説では、美術館などの施設の性格に応じて「教材や教育プログラムを活用する、学芸員などの専門的な経験や知識を生かして授業をするなど、多様な取組が考えられる」と示されている。

● 子どもが美術館に出向く

　教員が子どもを美術館に引率し、学芸員の話を聴いて実物の作品を見るとい

う形が望ましいが、移動手段の確保が課題になる。美術館から遠い学校では社会見学に美術館を組み込むなどの工夫がいる。美術館によっては、「移動美術館」という、所蔵作品を地域の公共施設で巡回展示することもある。

公立美術館では原則として、義務教育段階の児童・生徒は、入館料を免除している。高学年の児童なら、交通機関が利用できれば、友だち同士で誘い合って美術館に行くこともできる。土日や夏休みなどに、美術館が児童生徒対象のワークショップや鑑賞会などを開くことも多い。そうした情報を保護者にも伝えて、子どもが参加できるように促すことも学校に求められる。

● 美術館から学校に出向く

美術館が所蔵作品を学校で展示する場合もあるが、作品保護の観点から難しいことがある。ただ、学芸員やガイドボランティアが学校に出向いてワークショップなどを行うことは多い。学校の指導計画の中にその活動を組み込み、教員と学芸員とが事前に入念に打ち合わせを行うことが大切である。（図4）

また、美術館が若手の美術作家を支援して学校へ派遣してワークショップをすることもある。こうした作家が学校に出向く事業は文化庁でも行われている。

図4　美術館の学芸員が博士に扮して学級担任と一緒に鑑賞授業［滋賀県立近代美術館と草津市立老上小学校との連携］

● 美術館から学校への資料の貸し出し

科学博物館などでは化石の標本を学校に貸し出すところもあるが、美術館では作品を貸し出すことは難しい。学校での鑑賞指導を補助するツールを作成して、それを貸し出す事例はある。作品に使われている材料に実際に触ってその触感や重さを確かめたり（図5）、絵の具の顔料などを加工する前の原石のまま見せたりする事例がある。

かつては、貸し出しではスライドセットなどが一般的であったが、現在ではインターネット上のデジタル画像の提供に移行しつつある。学校の授業で自由に複製印刷できるパブリックドメイン（78頁参照）の画像も美術館のウェブサイトで提供されている。最近では視覚障害者のために、触って鑑賞できるように作品を立体化した「触る複製（触擦本）」を作成して、盲学校などに提供する美術館もある。

図5　鉄、大理石、ひのき、石こうなどの材料を同じ形にした材料セット［福島県立美術館にて撮影］

● 教員研修の場としての美術館

教員は、常に研修に努めることが求められている。[10] 美術館は、美術教育について研修を積む場としても役割を果たしている。研修を通して、教員が美術の専門家から学ぶだけでなく、美術館でも教育の実践現場での現状や課題を認識するきっかけにもなり、学校と美術館との連携がより密に活発になることも期待できる。

10）教育公務員特例法（第21条）「教育公務員はその職務を遂行するために、絶えず研究と修養に努めなければならない」

● 美術館での鑑賞のノウハウを授業で活用する

美術館では、来館者が主体的に鑑賞するための「セルフガイド」や書き込み式の「ワークシート」などを作成してきた。そのノウハウは、授業で、作品について子どもにどのような発問をするのか、子どもの反応をどのように読み取り次の展開につなげるのか、子どもがその学習を通して何に気付き、どんな能力を身に付けたかなどを考える手立てとしても活用されている。

索 引

用 語

あ

アートゲーム	73, 78
ICT機器	69
IPA（情報処理推進機構）	113
アニメーション	66-69
異文化理解	72
イメージ（image）	17-19, 24-26, 28-30, 34, 39, 46-47, 49-53, 58, 60, 62, 65, 69, 70-71, 74, 78
イリュージョン（幻影／illusion）	9-12
色鉛筆	31-32, 52, 65, 68
色画用紙	30, 43, 47, 49-50, 52, 59, 66
動く仕組み	52-53
映像メディア	73
HDMI	69
AI	13-14
凹版	59-60
音の出る材料	51

か

学芸員	80-81
学習指導要領	8, 10-11, 13, 16-20, 54, 70-72, 80
カッターナイフ	24, 40, 47-48, 50
カッターマット	48, 50
金づち	20, 40
紙版画	59-60
カメラ	10, 20, 38, 46, 54, 66-69, 73
画用紙	11, 23, 30, 42-43, 45, 47-49, 50, 52, 59-61, 66
カラーセロハン	55
鑑賞活動	8, 10, 12, 70-81
木	9, 20, 24, 27-30, 36, 40, 44, 46-47, 51, 59-60, 62-64
擬態（mimicry）	10
教育的美術批評	73, 76
教員研修	81
共用の絵の具	30-32
きり	40, 65
釘	20, 27-28, 33, 40, 65
クラフトテープ	24
クランプ	63-64
クレヨン	10, 20, 30-33, 60
グローバリズム	14
『芸術による教育』	7, 14-15
幻影	9-12
—視覚的幻影	10-11
—情趣的幻影	10, 12
ケント紙	33, 43, 47, 53, 68
げんのう	40
工作	18-20, 23, 26, 34-37, 50-53, 62-65, 67

孔版	44, 59-60
『子どもの美術』	16
コラージュ	22, 30, 32, 42-45, 67
コラグラフ	59-60
ColBase（コルベース）	113

さ

サインペン	24, 30, 66
作業板	51, 58-59
自然材	27-29, 63
シナベニヤ	59
写真	10, 22, 25, 29, 35-38, 41, 44, 46, 51, 56, 60, 62, 67, 69, 76, 78, 114
シャベル（スコップ）	26, 28
人工材	23, 29, 47
心象（心象表現）	10-13
審美（審美性）	14-15
—審美的感覚	14-15
水彩絵の具	10-11, 20, 32, 42-43, 47, 58, 61
スキャナー	69
スクラッチ	32-33
スコップ（シャベル）	26, 28
スズランテープ	39, 55
スタンピング	30, 32, 59-60
スチレン版画	60
STEAM教育	14
ステンシル	44, 59-60
スパッタリング	42, 44
素焼き	36-37
接着剤	24, 28, 43, 47-48, 51, 53, 59, 63
セロハンテープ	22, 24-25, 46, 48
造形遊び	10-11, 18-29, 38-41, 54-57
造形的表現活動	8-14
創造性（創造力）	13-14, 20, 27, 34, 42, 47, 56, 62
創造的個性	7
属性	11-12

た

縦びき	64
タブレット端末	66, 69
段ボール	24, 39-41, 44, 47, 49-50, 52, 59-60, 64
段ボールカッター	39-41
彫刻	25, 34, 36, 40, 53, 58-59, 61, 63, 80, 114
彫刻刀	40, 58-59, 61
著作権	113
DBAE	73
デカルコマニー	42-44, 61
適応表現	11
デジタルカメラ	38, 46, 66-69, 73
手びねり	36

82

手袋	28, 37, 51, 64
電子黒板	69
電動糸のこぎり	62, 64-65
動画	29, 56, 67, 69
陶芸	36
凸版	59-61
ドリッピング	42, 44
トレーシングペーパー	54-55, 59, 61

な

粘土	10, 20, 23, 26, 31, 34-37, 46, 60, 63, 67-68
粘土板	34-35
粘土べら	34-35, 60
のこぎり	20, 28, 40, 62, 64-65

は

刷毛	44, 59, 61-62
パス	10, 20, 30-33, 45
パソコン	66-67, 69, 73
バチック	30, 32
バット	32, 58-59
発泡スチロール	47, 59
発泡スチロールカッター	47
パブリックアート	80
パブリックドメイン	78, 81
針金	36, 51-52, 63-65
バルサ材	40, 63
パレット	30-31, 42-43
バレン	59-61
版画	10, 30-33, 42-45, 58-61, 74, 76
版画インク	33, 58-59
版木	58-59, 61
版形式	60
美術館	72-74, 76, 78, 80-81, 113
ビデオカメラ	69
美的教育（審美的教育）	14-15
美的体験	70
ひもづくり	36
表現活動	8-14, 23, 55, 69
表現性の涵養	13
VTS	73-74
筆（種類）	31, 43
プロジェクタ	54, 67, 69
フロッタージュ	32, 42, 45
平版	60
平面的造形	10, 30-33, 42-45, 58-61
ペットボトル	23-24, 26, 32, 47
変工（人為的変工）	9-10, 12-13
ベンチ	40, 64
ボール紙	24, 35-36, 39, 47, 49
ポスター	10
ポスターカラー	31-32, 36
ホチキス	36, 47-48, 53
ポンチョ	28
本焼き	36

ま

マーブリング	42-44, 60
万力	63
無垢材	51, 63-64
木版画	58-61, 74
モダンテクニック	42-45
木工用ボンド	24-25, 35, 47-48, 50, 60

や

焼き物	36-37
やすり	62-63
釉薬	36
横びき	64

ら

ラジオペンチ	40, 64
立体的造形	10, 34-37, 41, 46-53, 62-65
両面テープ	24, 46-47
ローラー	24, 32-33, 44, 58-61

わ

ワークショップ	81
和紙	32, 35, 43, 59, 61

人名

岩﨑由紀夫	7
植村鷹千代	7, 15
小堺宇市	73
ジョブズ, スティーブ	14
パーソンズ, マイケル	70
バゼーヌ, ジャン	14
ピカソ, パブロ	14, 44
菱川師宣	113
深田康算	12
ペンローズ, ロジャー	14
ポアンカレ, アンリ	14
ムア, ヘンリー	114
モネ, クロード	78, 113
森（林太郎）鴎外	15
リード, ハーバート	7-8, 14-16
ルノワール, オーギュスト	72

材料・用具解説

目的から材料・用具を探すインデックスです。やりたいことから必要な項目を探しましょう。

目的	キーワード	分類	材料・用具	ページ
つなぐ	紙を貼る	接着剤を使う	のり	24, 48
			木工用ボンド	24, 48, 59
			でんぷんのり	24, 48
		テープを使う	セロハンテープ	48
			クラフトテープ	24
			両面テープ	24
	紙をつなぐ	ホチキスなどを使う	ホチキス	48
			わりピン	39
		仮止めに使う	わりばし・クリップ・輪ゴム	48
	木をつなぐ	釘を使う	げんのう	40
			金づち	40
			釘	40
			釘抜き・きり	40
		接着剤を使う	木工用ボンド	59
切る	紙を切る	はさみ・カッターナイフなどを使う	はさみ	48
			カッターナイフ	48
			段ボールカッター	40
			カッターマット	48
	木を切る	のこぎりを使う	使いやすいのこぎり	40
			両刃のこぎり	64
			万能のこぎり	64
			電動糸のこぎり	64
	針金を切る・曲げる	ペンチなどを使う	ペンチ	64
			ラジオペンチ	64
			ニッパー	64
	粘土を切る	切り糸などを使う	切り糸	35
			粘土べら	35
	発泡スチロールを切る	カッターを使う	発泡スチロールカッター	47
	ペットボトルを切る	はさみを使う	リサイクルはさみ	47
穴をあける	紙に穴をあける	パンチなどを使う	パンチ	39
			千枚通し	40
			目打ち	40
	木に穴をあける	きりを使う	つぼぎり	40
			三つ目ぎり	40
			四つ目ぎり	40
削る	木を削る	刃物を使う	小刀	51
		やすりを使う	ドレッサー	63
			紙やすり	63
	粘土を削る	へらを使う	粘土べら	35
			かきとりべら	35
固定する	はさむ	万力などを使う	木工万力	63
			クランプ	63

目的	キーワード	分類	材料・用具	ページ
造形遊びをする	材料のなりたちから	人工材でつくる	新聞紙	23
			布	23
			ビニル・プラスチック	23
			びん・缶	23
			箱	23
			紙コップ・紙皿	23
		自然材でつくる	砂	27
			土	27
			石	27
			木の葉・木の実	27
			枝・流木	27
			木のつる	27
		活動に合わせて使用する用具・材料	シュロ縄	27
			スコップ・シャベル	28
			バケツ	28
			ホース	28
			ビニル袋	51, 28
			手袋	51, 28
			服装（ポンチョ・スモッグ）	28
		材料の知識	紙のサイズ・紙の厚さ	23
	材料の形から	面的材料でつくる	段ボール・片面段ボール	39
			ボール紙	39
			合成樹脂製シート	39
		線的材料でつくる	ひも・毛糸	39
			スズランテープ	39
			わりばし・角材	39
	環境をつくる	自然からつくる	光	55
			風・空気	55
			水	55
		人工的につくる	ドライヤー・扇風機	56
			ＬＥＤライト	56
			養生シート	56
		他の材料を組み合わせてつくる	カラーセロハン	55
			ポリエチレンシート	55
			エアーキャップ	55
			トレーシングペーパー	55
			ミラーシート	55
	場所の特性を生かして	活動する場所	教室	55
			廊下	55
			階段	55
			体育館	55
			校庭	55

85

材料・用具解説

目的	キーワード	分類			材料・用具	ページ
絵をかく	身近で扱いやすいもの	クレヨン・パスなど			クレヨン	31
					パス	31
					ペン（水性ペン・油性ペンなど）	31
		共用の絵の具			ポスターカラー	31
					筆・刷毛（はけ）	31
					溶き皿・パレット	31
		鉛筆・色鉛筆			鉛筆	31
					色鉛筆	31
					全芯色鉛筆	31
	様々な技法でつくる	技法名	バチック		●使用する材料・用具	32
			フロッタージュ		クレヨン・パス	
			スクラッチ		絵の具・ポスターカラー	
			スタンピング		筆・刷毛（はけ）・溶き皿	
			デカルコマニー		スポンジローラー	44
			スパッタリング		バット・トレイ	
			マーブリング		金網・ブラシ	
			ドリッピング		ストロー	
			コラージュ		タンポ	
			ステンシル		スポンジ　など	
絵の具でかく	水彩絵の具				透明水彩絵の具	43
					半透明水彩絵の具	43
					不透明水彩絵の具	43
	絵をかく紙				画用紙	43
					ケント紙	43
					和紙	43
	版画でつくる	版の形式	凸版	木版画	●使用する材料	59, 60
				紙版画	刷り紙・版画紙	
				コラグラフ	版木	
				スチレン版画	版画インク	
			凹版	ドライポイント	スチレンボード	
				エッチング	墨汁	
			平版	リトグラフ	エアーキャップ	
				デカルコマニー	木の葉	
				マーブリング	毛糸	
			孔版	シルクスクリーン	ボンド・メディウム	
				ステンシル	●使用する用具	
					彫刻刀	
					・丸刀	
					・三角刀	
					・平刀	
					・切り出し刀	
					作業板	
					バレン	
					バット（練り板）	
					ローラー	
					トレーシングペーパー	

材料・用具解説

目的	キーワード	分類	材料・用具	ページ
立体をつくる 工作する	粘土でつくる	粘土の種類	土粘土	35
			軽量粘土	35
			油粘土	35
			樹脂粘土	35
			紙粘土	35
			小麦粘土	35
		粘土を加工する用具	粘土べら	35
			切り糸	35
			粘土板	35
	紙でつくる	塑造的につくる	和紙	35
			パルプ	35
			新聞紙	23, 36
		構造的につくる	画用紙・色画用紙	47
			段ボール・片面段ボール	39, 47
			白ボール紙・工作用紙	39, 47
			ケント紙	47
	木でつくる	木材の分類（形状・加工法から）	合板・ベニヤ板	51, 63
			無垢材	51, 63
			集成材	51, 63
			角材・丸棒材	63
			木端	63
			バルサ材	63
	針金でつくる	針金の種類	アルミ針金	63
			鉄針金・ステンレス針金	63
			モール	63
	プラスチックでつくる	プラスチック材料の例	発泡スチロール	47
			食品容器	47
			ペットボトル	47
情報機器を利用する	アニメーションでつくる	コマどりアニメーション	デジタルカメラなど	68, 69
		パラパラアニメーション		
	撮影・記録する	使用する機材（用具）	デジタルカメラ	67, 69
			ビデオカメラ	69
			スキャナー	69
			書画カメラ	69
			三脚	69
	表示・鑑賞する	使用する機材（用具）	液晶ディスプレイ	69
			プロジェクタ	69
			スクリーン	69
			タブレット端末	69
			プリンタ	69
			パソコン	69
			電子黒板	69

87

PART 4　15課題別提出レポート作成シート（ワークシート）

はじめに

ここではレポート課題（1〜12）、鑑賞について（13・14）、図画工作（美術／造形表現）の教育の意義・目的について（15）のワークシートを準備しました。ワークシートの1〜12では活動を振り返り、記録することでそれぞれの題材で使用した材料・用具・技法についての知識をより確かなものにしていきます。ワークシートは活動内容を記録するスペース（①・②）と活動を振り返り、感想をまとめたり調べたことを記入したりするスペース（③〜⑦）があります。活動内容を記録するスペースでは活動内容を読む人に分かりやすく伝えることを考えて工夫しながらまとめて下さい。感想をまとめるスペースでは自分の活動を客観的に振り返り、気付いた点や工夫した点などをまとめましょう。そして自分が授業を行うイメージをもちながら、授業展開を踏まえた具体的なアイデアや児童に対する必要な配慮も考えてみましょう。鑑賞について（13・14）と図画工作科教育の意義・目的について（15）はそれぞれのワークシートに説明を記載しました。

まとめ方

ワークシートは右ページから始まり、表と裏になっています。
学籍番号と氏名を記入してから始めましょう。

1　題材名を書く
　課題名（例：音を広げて）と活動内容からイメージを広げて児童の興味関心を引き出すような独自の題材名を考えてみましょう。

2　活動の流れをまとめる
　活動の流れをまとめます。学習目標のキーワードをヒントに（1）には学習目標を書き、（2）には準備した材料・用具と使用した技法をまとめましょう。（3）には活動内容ではどのように活動を進めたかを振り返り、順番にまとめていきます。説明のためのイラストや制作途中の写真を貼って下さい。読む人に分かりやすく伝えることを考えてまとめましょう。

3　記録写真を貼る・題名を付ける
　活動によってできたものの写真を撮って貼り、題名を付けます。写真は構図やアングルを考えて作品の魅力が伝わるように撮影しましょう。L版の写真と小さい写真を組み合わせたり、立体を上下左右から記録した写真を並べたりして、作品の魅力や構造が分かりやすくなるように工夫して下さい。

4　作品名を付ける
　できた形や制作中に思ったこと、感じたことをヒントに作品の題名を付けましょう。

5　感じたこと・学んだことをまとめる
　活動を振り返って、感じたこと・学んだことをまとめます。（1）にはよくできたところ、大変だったところなど活動してみて思ったことや気付いた点をまとめて下さい。（2）には自分が授業をすることを想定した上で、材料・用具についての準備や安全への配慮、授業展開や児童への言葉かけなどの観点から、実践してみたいことや工夫できることをまとめてみましょう。

6　発表・鑑賞する
　順番に自分に作品について発表し、友だちの作品を鑑賞しましょう。友だちの作品を見て感じたこと、気付いたことや友だちが工夫しているところなどをまとめてみましょう。

7　調べたことをまとめる
　課題イメージのヒントになる美術家や作品、用語などについて調べ、感想や分かったことをまとめましょう。

| ワークシート **1** | 音を広げて | 学籍番号 | 氏名 |

1 題材名

2 活動の流れ
　(1) 学習目標

　(2) 準備
　　　　材料
　　　　用具
　　　　技法

　(3) 活動内容

ワークシート **1**　　　　　　　　　　　　　　　　　　　　　　　　　　　　音を広げて

3　記録写真

L版(89mm×127mm)

4　作品名

5　感じたこと、学んだこと
（1）活動を振り返って

___

（2）授業展開を見据えて

___

6　鑑賞（友だちの作品を鑑賞して）

___

7　調べてみよう【エル・アナツイ、新聞紙を材料に立体作品を制作している作家 など】

PART 4　低学年における造形遊び活動場面　屋外活動

| ワークシート 2 | どんどんならべて | 学籍番号 | 氏名 |

1 題材名

2 活動の流れ

(1) 学習目標

(2) 準備

　　材料
　　用具
　　技法

(3) 活動内容

ワークシート 2　　　　　　　　　　　　　　　　　　　　どんどんならべて

3　記録写真

L版（89mm×127mm）

4　作品名

5　感じたこと、学んだこと
（1）活動を振り返って

（2）授業展開を見据えて

6　鑑賞（友だちの作品を鑑賞して）

7　調べてみよう【アンディ・ゴールズワージー、川俣正 など】

PART 4　低学年における平面的造形活動場面　描画的・版画的内容

| ワークシート **3** | **スクラッチでつくる** | 学籍番号　　　　　　　　氏名 |

1 題材名

2 活動の流れ
　（1）学習目標

　（2）準備
　　　　材料
　　　　用具
　　　　技法

　（3）活動内容

ワークシート 3　　　　　　　　　　　　　　　　　　　スクラッチでつくる

3 記録写真

　　　　　　　　　　　　　　　　　　　　　　　　　　　L版（89mm×127mm）

4 作品名

5 感じたこと、学んだこと
　（1）活動を振り返って

　（2）授業展開を見据えて

6 鑑賞（友だちの作品を鑑賞して）

7 調べてみよう【クレヨン・パスの特性、ラミネート加工】

ワークシート 4 　恐竜のたまご・土鈴をつくる

学籍番号　　　　　　　　　氏名

1 題材名

2 活動の流れ
(1) 学習目標

(2) 準備
- 材料
- 用具
- 技法

(3) 活動内容

ワークシート 4　　　　　　　　　　　　　　　　　　　　恐竜のたまご・土鈴をつくる

3 記録写真

L版（89mm×127mm）

4 作品名

5 感じたこと、学んだこと
（1）活動を振り返って

（2）授業展開を見据えて

6 鑑賞（友だちの作品を鑑賞して）

7 調べてみよう【縄文のビーナス、テラコッタ、オカリナ、砂絵 など】

PART4　中学年における造形遊び活動場面　屋内活動・屋外活動

| ワークシート 5 | 段ボールをつないで | 学籍番号 | 氏名 |

1 題材名

2 活動の流れ
　（1）学習目標

　（2）準備
　　　材料
　　　用具
　　　技法

　（3）活動内容

ワークシート 5 　　段ボールをつないで

3 記録写真

L版(89mm×127mm)

4 作品名

5 感じたこと、学んだこと
（1）活動を振り返って

（2）授業展開を見据えて

6 鑑賞（友だちの作品を鑑賞して）

7 調べてみよう【クリスト＆ジャンヌ＝クロード、糸を空間全体に張り巡らせたインスタレーションを行う作家】

PART4　中学年における平面的造形活動場面　描画的・版画的内容

| ワークシート 6 | コラージュ絵本をつくる | 学籍番号 | 氏名 |

1 題材名

2 活動の流れ
　（1）学習目標

　（2）準備
　　　　材料
　　　　用具
　　　　技法

　（3）活動内容

99

ワークシート **6**　　　　　　　　　　　　　　　　　　　　　　　　コラージュ絵本をつくる

3　記録写真

L 版（89mm×127mm）

4　作品名

5　感じたこと、学んだこと
　　（1）活動を振り返って

　　（2）授業展開を見据えて

6　鑑賞（友だちの作品を鑑賞して）

7　調べてみよう【シュルレアリスム、抽象表現主義、エリック・カール など】

| ワークシート 7 | くらしてみたい夢の家・ゆめのまちへようこそ | 学籍番号 | 氏名 |

1 題材名

2 活動の流れ
   (1) 学習目標

   (2) 準備
        材料
        用具
        技法

   (3) 活動内容

ワークシート **7**　　　　　　　　　　　くらしてみたい夢の家・ゆめのまちへようこそ

3 記録写真

L版(89mm×127mm)

4 作品名

5 感じたこと、学んだこと
（1）活動を振り返って

（2）授業展開を見据えて

6 鑑賞（友だちの作品を鑑賞して）

7 調べてみよう【フンデルトヴァッサー、荒川修作 など】

ワークシート 8 へんてこ動物

学籍番号　　　　　　氏名

1 題材名

2 活動の流れ
　(1) 学習目標

　(2) 準備
　　　材料
　　　用具
　　　技法

　(3) 活動内容

ワークシート 8 — へんてこ動物

3 記録写真

L版（89mm×127mm）

4 作品名

5 感じたこと、学んだこと

（1）活動を振り返って

（2）授業展開を見据えて

6 鑑賞（友だちの作品を鑑賞して）

7 調べてみよう【ジャン・ティンゲリー、新宮晋 など】

PART 4　高学年における造形遊び活動場面　屋内活動・屋外活動

| ワークシート 9 | **ふわふわバルーン** | 学籍番号 | 氏名 |

1 題材名

2 活動の流れ
　（1）学習目標

　（2）準備
　　　材料
　　　用具
　　　技法

　（3）活動内容

ワークシート 9　　　　　　　　　　ふわふわバルーン

3 記録写真

　　　　　　　　　　　　　　　　　　　　L版(89mm×127mm)

4 作品名

5 感じたこと、学んだこと
（1）活動を振り返って

（2）授業展開を見据えて

6 鑑賞（友だちの作品を鑑賞して）

7 調べてみよう【光と影の造形遊び、藤城清治 など】

| ワークシート 10 | いろいろ植物 | 学籍番号 | 氏名 |

1 題材名

2 活動の流れ

(1) 学習目標

(2) 準備

- 材料
- 用具
- 技法

(3) 活動内容

ワークシート 10　　いろいろ植物

3 記録写真

L版(89mm×127mm)

4 作品名

5 感じたこと、学んだこと
(1) 活動を振り返って

(2) 授業展開を見据えて

6 鑑賞（友だちの作品を鑑賞して）

7 調べてみよう【棟方志功、清宮質文 など】

ワークシート 11 くねくね糸のこパズル・立ち上がれマイライン

学籍番号　　　　　　氏名

1 題材名

2 活動の流れ

（1）学習目標

（2）準備

　　材料

　　用具

　　技法

（3）活動内容

ワークシート 11　くねくね糸のこパズル・立ち上がれマイライン

3 記録写真

L版(89mm×127mm)

4 作品名

5 感じたこと、学んだこと
（1）活動を振り返って

（2）授業展開を見据えて

6 鑑賞（友だちの作品を鑑賞して）

7 調べてみよう【アルチンボルド、歌川国芳 など】

記録写真

PART 4　高学年における情報機器を活用した造形活動場面

| ワークシート 12 | コマどりアニメーション・パラパラアニメーション | 学籍番号　　　　　氏名 |

1 題材名

2 活動の流れ
　(1) 学習目標

　(2) 準備
　　　材料
　　　用具
　　　技法

　(3) 活動内容

111

ワークシート 12　コマどりアニメーション・パラパラアニメーション

3 記録写真

L版(89mm×127mm)

4 作品名

5 感じたこと、学んだこと
（1）活動を振り返って

（2）授業展開を見据えて

6 鑑賞（友だちの作品を鑑賞して）

7 調べてみよう【フレデリック・バック、山村浩二 など】

ワークシート 13 鑑賞作品を探す

　美術鑑賞の本来は、美術館や寺院などの現場で実物作品を見ることであるが、教室での授業では難しい。そこで、教科書や複製図版を通しての鑑賞が中心になるが、作品は限られてしまう。その点、ネット上には、様々な美術作品の画像が数多く掲載されていて、それらを授業に活用すれば、多様な作品を鑑賞することができる。もちろん、ネット上には、違法な画像や著作権のある画像が多い。ルールを守った上での活用が求められる。
　著作権法・35条では、営利を目的としない学校などで授業者や学習者が授業のために「複製」することは、著作者の利益を侵害しない限り例外的に認められている。しかし、ネット上の美術作品の画像の著作権は複雑であり、自由に複製して使えるものは多くない。ダウンロードした画像を印刷して授業で配付することも含めて、許諾なしに使える画像を提供している美術館もいくつかでてきたが（78頁参照）、まだ少数である。次に、日本語で検索でき、学校の授業で使える美術作品の画像データベースを二つ紹介する。

■**授業で使える画像を提供しているウェブサイト**（URLはいずれも、2019年5月現在のもの）
「**IPA　情報処理推進機構・教育用画像素材集**」（https://www2.edu.ipa.go.jp/）
独立行政法人・情報処理推進機構が提供しているサイトで、学校教育に特化した画像を17,000点ほど掲載している。教科別に検索できるが、「美術」では、ルネサンスから20世紀までの西洋美術の作品が中心に紹介されていて、日本の伝統工芸などは「社会」の中の「文化」に分類されている。そこでは、陶磁器をつくるプロセスなどが紹介されているが、日本の仏像や絵画作品などは含まれていない。

「**ColBase**」［コルベース］（https://colbase.nich.go.jp/pages/about）
日本の美術作品の画像を提供しているのが「コルベース」である。四つの国立博物館（東京・京都・奈良・九州）の収蔵作品の一部をネットで公開しているもので、各館別に検索ができる。掲載されている画像は、解像度は低いがダウンロードして複製したり授業用プリントに印刷したりできる。ただし「出典：国立博物館所蔵品検索システム（当該のURL）」を明記する。

　ここで、ネットの検索に慣れるための課題を出すが、課題にとらわれずに、時間をつくって、こうした美術作品の画像が掲載されているウェブサイトを見るようにしたい。

◎**課題**
　上記の二つのウェブサイトを利用して、小学校高学年の「我が国や諸外国の親しみのある美術作品の表現の意図や特徴について、感じ取ったり考えたり」できる目標を設定して鑑賞の授業をするために、適切だと思う作品を2〜4点選びなさい。それらの作品を選んだ理由（授業の目標）も発表しよう。
＜解答例＞
　ColBase：東京国立博物館：菱川師宣「見返り美人図」
　IPA：オルセー美術館：モネ「日傘の女」
　〔目標〕ともに女性を描いているが、技法（絹本着色とカンバス油絵）、造形的な特徴（輪郭線や色面がはっきりしている、光と影が表されている）などを比較しながら、表現方法の違いや作者の意図の違いに気付かせる。さらに、上記二つのサイトから、同じ作者の他の作品なども追加していくと、互いの表現の意図や特徴の違いが、より深く理解できるようになる。

ワークシート 14　立体作品の鑑賞

　絵画などの平面作品は、微妙な色や質感などはともかくとして、複製図版でもかなりオリジナル作品の雰囲気を伝えられるようになった。しかし、彫刻などの立体作品では、見る角度や光の当たり具合によって形や陰影などが異なって見える。一枚の平面図版だけでは、特定の視点に限られてしまい、全体が見えない。

図1　ヘンリー・ムア『3つの部分から成る横たわる人物』
1976、約266×474×264cm（MITにて筆者撮影）

A

B

C

D

　例えば、図1は、イギリスの彫刻家ヘンリー・ムア（1896-1986）の『3つの部分から成る横たわる人物』（ブロンズ、1876）で、アメリカのマサチューセッツ工科大学（MIT）に展示されている作品である。図1から、横たわる人物のイメージはつかめると思うが、題名の「3つの部分」はどこにあるのだろうか。
　A～Dは、同じ作品を他の四つの角度から撮影した図版である。三つの部分のそれぞれは、どこから見ても、単独に切り離されては見えずに、他の部分と重なって見えるが、複数の角度から撮った写真を組み合わせた、5枚の写真からは、三つの部分が確認できるであろう。
　近代の彫刻作品は、「かたまり（塊）・マッス」と「量感・ボリューム」、そして「空間・スペース」から構成されるようになった。ムアの作品も芝生広場に設置され、周りをまわって見ることができる。塊や量感だけでなく、背景として木や建物のある空間や穴のあいた空間も、周りをめぐるにつれて形が変化していく。作品を見る人が動くことで、作品に時間的な要素も加えられるように意図されている。

◎**課題**

　次頁（115頁）の画像は、1つの彫刻作品を反時計回りにまわりながら18の角度から撮影した写真である。裏面（116頁）に記入された数字は、撮影した順番を示す。
1．この図版頁を切り離して1点ずつカットして18枚のカードにする。（厚紙に貼ってもよい）
2．カードをシャッフルして、裏の番号を見ずに、撮影した順番になるように並べる。
3．順に並べる活動を通して、気付いたこと、考えたことをレポートする。（口頭での発表でもよい）

作品：堀内正和（1911-2001）『進む形』1983、ステンレス、212×269×100cm、
　　　碧南市臨海体育館前設置（碧南市にて筆者撮影）

3	2	1
6	5	4
9	8	7
12	11	10
15	14	13
18	17	16

すうじ

| ワークシート 15 | 図画工作教育の意義・目的 | 学籍番号 | 氏名 |

パート1を構成する①〜⑥の各節について、サブタイトルを付けてみたり箇条書きでまとめたりと、自分なりに解釈した内容を分かりやすく表記することに留意し工夫しながら、それぞれ200字程度に大意要約してみること。

1　意義・目的考察の前提

2　教科としての基本的命題

3　教科設置の意義

4　図画工作科教育の意義

ワークシート 15　図画工作教育の意義・目的

5 教科の目的と AI 時代の図画工作科教育

6 美的教育の目的

7 調べてみよう　　パートⅠに記された以下の三つの事柄について、本文の文脈に沿いながら各自の手段で探索し、得られた知見と感想とを簡潔に、かつ今後の研究課題のように書き残しておくこと。

【擬態（10頁8行目）】

【STEAM教育（14頁24行目）】

【現代美術社刊『子どもの美術』（16頁19行目）】

令和元年10月1日現在

編著　佐藤洋照（明星大学教育学部教授）

　　　　藤江　充（愛知教育大学名誉教授）

　　　　槇野　匠（明星大学教育学部特任准教授）

執筆　佐藤洋照

　　　　藤江　充

　　　　野沢二郎（明星大学教育学部教授）

　　　　槇野　匠

図画工作 実践ガイド
（ず が こう さく じっせん）

2019年（令和元年）10月1日　初版発行

編著者　佐藤洋照（さとうようしょう）／藤江充（ふじえみつる）／槇野匠（まきのたくみ）
発行者　佐々木秀樹
発行所　日本文教出版株式会社
　　　　https://www.nichibun-g.co.jp/
　　　　〒558-0041 大阪市住吉区南住吉4-7-5　TEL:06-6692-1261
デザイン　株式会社キャデック
印刷・製本　株式会社シナノ

©2019 Yosho Sato/Mitsuru Fujie/Takumi Makino　　Printed in Japan
ISBN978-4-536-60108-5

定価はカバーに表示してあります。本書の無断転載・複製を禁じます。
乱丁・落丁本は購入書店を明記の上、小社大阪本社業務部（TEL:06-6695-1771）あてに
お送りください。送料小社負担にてお取り替えいたします。